Yoram Kaniuk

Zwischen Leben und Tod

Yoram Kaniuk

Zwischen Leben und Tod

Roman

Aus dem Hebräischen
von Ruth Achlama

claassen

Die Originalausgabe erschien 2007
unter dem Titel *Al ha-Chaim we-al ha-Mawet* bei
Yedioth Ahronoth Books and Chemed Books, Tel Aviv

claassen ist ein Verlag
der Ullstein Buchverlage GmbH

ISBN: 978-3-546-00444-2

Gesetzt aus Adobe Garamond
Satz: Dörlemann Satz, Lemförde
Druck und Bindearbeiten: CPI – Clausen & Bosse, Leck
Printed in Germany

Für Dr. Oded Szold in tiefer Dankbarkeit

Nach diesen Dingen – nach der Krankheit und nach dem Tod und nach dem Schmerz und nach dem Lachen und nach der Untreue und nach dem Alter und nach der Gnade und Liebe und nach »ein törichter Sohn ist der Gram seiner Mutter« und »eine tüchtige Frau«, die ich gefunden habe, in der Schönheit im Abgrund – nach alldem erwachte ich in einen Halbschlaf, in dem ich vier Monate verharren sollte. Und es war schlecht und es war gut und es war traurig und es war aussichtslos und es war ein Wunder, und es war, was war, und war nicht, was nicht war und hätte sein können, und ich erinnerte mich. Es war Nacht. Eine Nacht, unergründlich in ihrem nächtlichen Wesen. Ich verbrachte sie mit schweren Träumen und erwachte schlaftrunken, war gesund, zu Hause in der Bilu-Straße 13, und auf einmal fiel mir ein, dass ich in der Nacht von Schraubenziehern geträumt hatte. Ich brauchte keinen Schraubenzieher und hatte daher keinen gesucht und keinen gefunden, aber an der Stelle, an der der Schraubenzieher hätte sein können, wenn er denn da gewesen wäre, fand ich einen alten Stadtplan von Tel Aviv, und weil ich den Stadtplan schon mal in der Hand hatte, ließ ich ihn liegen und ging Kaffee trinken und aß ein Croissant, das sie hierzulande »Corasson« nennen, und kehrte heim, zu der Karte, und wollte die Straße suchen, in der ich wohne. Ich breitete die Karte auf dem Tisch aus und wanderte mit dem Finger, bis er landete, aber nicht in der Bilu-Straße, wo ich jetzt wohne, und nicht an der nahen Ecke Balfour-Straße/Rothschild-Allee, wo ich meine ersten drei Jahre verbracht habe, sondern Ecke Arlosoroff-/Eduard-Bernstein-Straße, nahe der Stelle, an der ich wirklich aufgewachsen bin. Mir blieb natürlich nichts anderes übrig, als dorthin zu fahren, zur Bernstein-Straße, die ich, abgesehen von den Tagen, an denen ich am Strand entlangging, acht Jahre lang, zehn Monate pro Jahr, fast jeden Morgen von meinem Elternhaus zur Volksschule am Lehrerseminar und zurück lief – eine Entfernung, in der ich, wenn ich nur gewollt hätte, den Mond hätte erreichen können.

An der Straßenecke, die schon damals hässlich war, stand das armselige Haus, in dem Aggio wohnte, der jung war, aber rund zwei Jahre älter als ich, und wortkarg und gescholten und einsam und verhasst. Ich meine, er hätte die dritte Klasse dreimal durchlaufen, oder vielleicht war das jemand anders. Er hatte funkelnde braune Augen, und er fiel im Krieg im Gefecht um Nebi Samuel, kurz nachdem er mich zufällig im Speisesaal von Kirjat Anavim getroffen hatte, wo er sich erinnerte, wer ich war, ehe ich ihn noch daran erinnerte, woher wir uns kannten. Wir schaufelten damals die Todesgruben schon vor den Kämpfen, so brauchte man bloß noch aus dem Gefecht zurückzukehren und zu beerdigen, und da nur ich wusste, wer Aggio war, bat man mich, in Schnörkelschrift seinen Namen aufzuschreiben, aber ich wusste nicht, wie er hieß, kannte nur seinen Kosenamen, Aggio, weiß nicht mal, ob er bei seiner Geburt wirklich einen Namen gehabt hat. Im Grunde habe ich keine Ahnung, ob er überhaupt geboren wurde, für mich war er schon immer da, vielleicht wegen der Nähe zum muslimischen Totengarten, dessen Ausläufer bis zu seinem Haus Ecke Arlosoroff-Straße sickerten.

Aggios Vater betrieb eine Fahrradflickwerkstatt Ecke Jabotinsky-Straße, die damals Kibbuz-Galujot-Straße hieß, »Straße der Sammlung der Zerstreuten«. Die Zerstreuten haben es nicht geschafft, sich zu sammeln, aber dem Revisionisten Jabotinsky haben sie schon vergeben, haben die Straße nach ihm umbenannt, und so wechselten die Namen. Aggios Hund Topsi rannte immer zur damaligen Straße der Stämme Israels, jenseits der damaligen Keren-Kajemet-Allee, um den Komponisten von Sternberg anzufallen, den er nicht ausstehen konnte. Der Komponist spazierte auch alltags im deutschen Jägeranzug, schwang einen Bambusstock und wirkte beängstigend mit seinen Riesenaugen. Verheiratet war er mit Genia, einer schönen Frau, die meine erste Liebe war und seinen Sohn aufzog, ehe sie eine Nonne im Libanon wurde. Von Sternberg, der Fiesling, schrieb ein Werk, das nur drei Menschen in der Stadt hören konnten, ohne sich umzubringen, und gab ihm den Titel »Die zwölf Stämme Israels«, nach seiner Straße, und mein Vater Mosche meinte, wir hätten Glück, dass er nicht in Mea Schearim wohnte, weil »Mea« hundert heißt.

Ich spielte auf dem Schulweg gern mit Topsi, doch Aggio war böse auf seinen Hund, der mich schwanzwedelnd begrüßte, war eifersüchtig auf mich und schrie Topsi an, aber Topsi mochte mich und spürte, dass ich ihn lieb hatte, und erwartete mich jeden Morgen schwanzwedelnd, bis Aggio eines Tages so außer sich geriet, dass er Topsi auf mich hetzte und ihn anschrie, er solle mich beißen. Topsi, der mich liebte, aber Aggio gehörte, wollte vor Schreck erst ihn beißen, klemmte dann jedoch sofort verstört den Schwanz ein, und seine Augen blitzten erregt, als er mit grauenhaftem Winseln auf mich zukam. Aggio brüllte erneut, und nun wusste Topsi wirklich nicht mehr, wem er mehr schuldete, und biss mich, weil ihm nichts anderes übrigblieb. Der arme Topsi kam zur Untersuchung auf die tiermedizinische Station, und ich musste zwanzig Spritzen in den Bauch aushalten. Ich ging mit meiner Mutter Sarah ins Gesundheitshaus Strauß in der Balfour-Straße, wo ich jede Woche eine Spritze mit einer riesigen Nadel bekam, und nachdem ich mein Maß an Leiden weghatte, gingen wir von dort runter zur Allenby-Straße, wo meine Mutter Sarah mir bei Snir ein Eis kaufte, »als kleinen Trost« für das, was ich durchgemacht hatte, wie sie sagte.

Aggios Vater ist längst nicht mehr. Und nicht nur er. Alle hat der Wind verweht. Sogar der Uhrmacher Iska Silbermann, der Stalin Jiddischunterricht gegeben hatte, ist nicht mehr, und Goldbaum, der Damen- und Herrenfriseurmeister aus Warschau. Dem war seine Frau im Unterrock weggelaufen, und er hatte Angst, ihr nachzurennen, weil gerade italienische Flugzeuge Tel Aviv bombardierten und er eine Gasmaske aufhatte, die er nicht runterkriegte. Auch er ist nicht mehr. Und Schuster Jehoschua, der mir beibrachte, wie man Sohlen zuschneidet, und Nägel in hohem Bogen in die Sohlen spuckte, ist nicht mehr, ebenso wie der hinkende Polsterer Iska Weißmann, der bei einem Unfall ums Leben kam, wonach seine Frau ihren Liebhaber heiratete, und Herr Polischuk, der von einem Pelzgeschäft träumte, aber Ecke Lassalle-Straße Falafel verkaufte, und der Polsterer Susske Schlenow, der in einem kleinen Zimmer des Yarden Hotels in der Ben-Jehuda-Straße/ Ecke Keren-Kajemet-Allee tot aufgefunden wurde, mit verschmiertem Lippenstift um den Mund, auch er ist nicht mehr. Es sind so viele Menschen tot, die ich gekannt habe, mehr Tote als Lebende sind geblieben, Bill ist tot, Dani ist tot, wer ist sonst nicht noch alles gestorben, meine Mutter Sarah, mein Vater Mosche, Ruth Olitzki, Schalom Jakir. Auch Rina Halfand, die ich in der fünften Klasse geliebt habe, ist tot, und die Onkel und Tanten sind gestorben, eine Todeskrankheit ist vom Himmel heruntergefallen und hat die meisten, die ich gekannt habe, verschlungen, und nichts ist geblieben. Die Dünen am Meer, die bis an die Ben-Jehuda-Straße reichten, wurden eingeebnet und bebaut, weil die Stadtväter sie für überflüssig hielten, und die geduckten Baracken des Viertels Machlul, die aussahen wie die Beduininnen aus Jaffa, die kamen, um die Fische zu verkaufen, die ihre Männer gefangen hatten, und die mit fettiger Teerpappe verkleideten Hütten, die auf den Kalksandsteinhügeln am Ende des Strandes ritten und nach Salzwasser rochen, benetzt und geschlagen von den Wellen – auch sie sind verschwunden. Die Gerberei in der Hajarkon-Straße, die schwarzes Wasser abließ und zum Himmel stank, ist nicht mehr. Der muslimische Totengarten ist abgeräumt und zu einem Nationalpark für Juden geworden, mit einem Hilton Hotel als Gegenthese.

Und da blute ich im Kopf und kehre aus dem Nichts zurück, aber ehe das tatsächlich geschah und ich wie ein Idiot einen Schraubenzieher suchte und einen Stadtplan fand, fiel Regen, der zu seiner Zeit kam, und ich stand zitternd im Wind, der vom Meer her wehte, und war erregt, aber ich weiß nicht mehr, warum. Vielleicht, weil ich verwoben mit diesem Meer aufgewachsen bin und diese Melodie in mir habe. Seinerzeit saß ich oft im Dunkeln auf dem Balkon, der damals *Balkon* hieß, weil es noch kein hebräisches Wort dafür gab, und spähte, wie die meisten Einwohner unserer Stadt, in die Fenster der Nachbarn, um zu sehen, wie sie die künftigen hebräischen Soldaten produzierten. Das ist Jahre her, lange bevor ich krank wurde und bevor man mich von einer Seite auf die andere rollte, träumte ich davon, am Meer zu altern und zu sterben, mit dem starken Geruch und dem Salz im Mund, denn das war immer hier, die sicherste Zukunft war das Meer. Ich dachte, wenn ich erkranken würde, und damals wurde ich ja nicht wirklich krank, und ich dann sterbend am Meer läge und dem Lied der Brise lauschte, würde ich meinen Tod lieben.

Ich stand also Ecke Eduard-Bernstein-Straße und schaute nach oben. Der Balkon, der mal unserer gewesen war, die kleine Aussicht aufs Meer, ist längst von neuen Häusern verdeckt, die gebaut wurden, als hätte man Würfel geworfen, und das Meer ist verborgen durch große Gebäude, wie sie hässlicher kaum denkbar sind. Aber vor meinem geistigen Auge konnte ich auf dem Nachbarbalkon, von dem man noch heute ein Stückchen Meer erspähen kann, das arme Fräulein Lichtmann stehen sehen, seligen Angedenkens, tapfer und mit Tränen in den Augen wie ein Kapitän auf der Kommandobrücke eines sinkenden Schiffes. Und obwohl sie vor Jahren gestorben ist, hält sie noch das Fernglas in Händen, das ihr der Eiermann auf dem Schwarzmarkt verkauft hat, Herr Bein, der die Eier in einem eleganten Köfferchen transportierte, immer mit Anzug und Krawatte, die er, wie er sagte, aus Mannheim mitgebracht hatte. Da steht sie und späht sehnsüchtig nach Deutschland, sieht die, die ihre Eltern waren, in Berlin und sagt zu uns: Was waren wir doch für dumme Kinder, die schon mit acht Jahren vereinbarten, unmögliche, aber notwendige jüdische Staaten in feindlichen Gebieten zu gründen und mit Schleudern und Orangenholzstöcken an den Nazis Rache zu üben. Und sie sagt uns weiter, sie sähe das, was war, bevor man Seife aus ihnen machte, und jede Stunde nimmt sie den Rasierapparat mit einer Klinge der israelischen Firma Okeva aus der Handtasche und rasiert sich. Zwischendurch kann man ihren Bart wachsen sehen, der ihr auf den Wangen sprießt, wie Blumen nach dem ersten Herbstregen aus dem Boden schießen. Und sie suchte ihren Vater sogar im Stromkasten und erklärte, er müsse ja irgendwo sein, warum dann nicht dort, und sagte, das käme alles von der Schoa, und sie hatte solches Heimweh nach Deutschland, dass sie dem Meer liebliche *Lieder* sang, ohne überhaupt eine Stimme dafür zu haben, damit es sie dorthin zurückbrächte, und ich sagte zu meinem Freund Amos, der kam, um ihren Bart wachsen zu sehen, sagte zu ihm, sie wolle nach Berlin schwimmen, aber sie blieb bis zu ihrem Todestag in Palästina/Erez Israel. Wie ein Blutegel klebte sie an ihrer Sehnsucht, die stürmischer war als alles, was sich tatsächlich bewegt. Diese Sehnsucht verursachte ihr süßes Weh, und ich schwelgte mit in ihrem Schmerz, den ich beinah verstand, verinnerlichte ihn so, dass er für immer bei mir blieb, wie ein ewiger Gast.

Ich erinnere mich an den Anblick der Schiffe auf dem Weg zum Tel Aviver Hafen. Ich liebte sie im Sturm, wie schaukelnde Nussschalen, und ich liebte das laute Pfeifen des Windes. Jetzt bin ich alt, nutzlose Typen wie mich nennt man Greise, noch dazu ohne Schraubenzieher, und ich gehe durch die Eduard-Bernstein-Straße. Die Häuser dort, die jahrelang von unserem Balkon in der Ben-Jehuda-*Straße* 129 aus zu sehen waren – neben dem Balkon des armen Fräulein Lichtmann, sie ruhe in Frieden –, haben sich längst weitere Stockwerke und allerlei Schnickschnack der modernen israelischen Architektur angesammelt, die den Zerfall anheimelnd erscheinen lassen.

Tot ist auch der Opernsänger Giulini, der Vater des Geächteten, der mich nach Jahren überraschte und vor seinem Kriegstod noch Aggio rettete, der letzten Endes auch umkam, aber wer kam damals nicht ums Leben, wir alle töteten und wurden getötet, und Aggio wie auch den Geächteten, dessen Namen ich vergessen habe, haben wir in Kirjat Anavim begraben, und Giulini, der Vater des Geächteten, probt nicht mehr die Melodie des seligen Doktor Aaron Meir Mazya zu Naftali Herz Imbers Lied »Das Schofar«, und Jakob Avinoam, der sich »Blutundfeuer« nannte, deklamiert nicht mehr Jakob Cohens Gedicht »In Blut und Feuer ist Juda gefallen, in Blut und Feuer wird Juda auferstehen«, wobei ihm ein ungeheurer Tränenstrom über die Wangen rann, und unser anderer Lehrer, der sich »Klipp-und-klar« nannte und vorher Iska Lewotnewitz hieß, ist sicher auch gestorben.

Die Zitrusbäume, einst der Stolz des Zionismus, wurden hier im Viertel alle abgeholzt, außer einem Zitronenbaum, und auch ein Hühnerstall blieb noch einige Zeit stehen, war schließlich das Prachtstück auf Assaels Hof. Assael selbst verschwand mitsamt den Eternitkisten, die sein Vater auf dem Hof neben dem Zitronenbaum herstellte, ohne ersichtlichen Grund, da nie etwas darin verpackt wurde und sie sich jahrelang stapelten und zerbrachen, sich aber immer weiter auftürmten, weil er sie weiter produzierte, bis sie die Höhe des Zitronenbaums erreichten. Da fällte er den Zitronenbaum, was Assael eine Lehre war, sodass er beim Ausbruch des Unabhängigkeitskriegs 1947 nach Amerika flüchtete, wo er ein paar Jahre später zu den amerikanischen Fahnen gerufen wurde, um in Korea zu kämpfen. Aber seine Mutter, die sagte, dass Assael sowohl ihr Sohn als auch der Stellvertreter ihres idiotischen Mannes sei, der die ganze Zeit Eternitkästen herstellte, die wie Särge für Zwerge aussahen, flog nach New York, Flüge waren damals ja noch was Seltenes, und kaufte sich mit dem Geld von Assaels Vater, das sie in ihrem riesigen Büstenhalter versteckt überbrachte, jemanden von der Stadtverwaltung, und dieser Jemand beschaffte Assael Papiere und dispensierte ihn vom Krieg.

Neben dem Haus, genau gegenüber dem schönen ruhigen Ausblick, der verbaut wurde, wo ich eine Regenrinne suchte, die mir als Kind Wiegenlieder spielte, ist ein Stückchen offenes Meer verblieben. Mein Vater Mosche ging jeden Nachmittag um Punkt siebzehn Uhr schwimmen, nachdem die meisten Badegäste schon heimgegangen waren, denn er liebte es, das Meer für sich allein zu haben. Im Frühjahr und im Herbst glitzerte die Oberfläche glatt und sanft, und morgens, auf dem Schulweg, wanderten wir manchmal barfuß im Sand, hart an der Wasserlinie, zogen unterhalb der behauenen Kalksandsteinwand die Schuhe aus, hängten sie uns mit verknüpften Schnürsenkeln um den Hals, legten den Ranzen auf den Kopf, wie die Araberinnen Wasserkrüge und Brennholzbündel tragen, und wateten durchs flache Wasser, das von Muscheln wimmelte, die teils zerbrochen waren und uns in die kleinen Füße schnitten, bis wir die Düne erreichten, der gegenüber damals die Volksschule am Lehrerseminar stand.

Zur selben Stunde schob mein Vater Mosche sein Fahrrad durch den Sand bis zur Straße, blickte traurig aufs Meer, weil auf dessen Gegenseite immer noch Europa lag, und radelte dann zum Museum, nicht ohne sich vorher die Hosenkrempen mit Wäscheklammern zuzustecken, damit sie nicht einrissen. Er war immer korrekt angezogen, kleidete sich selbst auf dem Fahrrad nach der deutschen Vorgabe: Krawatte, ein Jackett mit vielen Taschen für Pfeife und Tabak und auf dem Kopf ein Bohemien-Barett. Ich dachte an ihn, als ich hier Ecke Eduard-Bernstein- und Arlosoroff-Straße den Regen mächtig niederprasseln sah. Ich liebe den Geruch des Regens, aber die Mistkerle haben mir die meisten Regenrinnen um die Ecke gebracht, und unweit der früheren Schule für die Kinder der Werktätigen, von denen mein Vater Mosche behauptete, ihre Eltern seien geborene Bonzen, die keinen einzigen Tag ihres Lebens tatsächlich werktätig gewesen seien, sich höchstens mit der Hacke in einem Kibbuz, dessen Name mir entfallen ist, hätten fotografieren lassen, da kam plötzlich der Tod, von dem ich hier zu erzählen versuche, denn ich sah einen Zug schwarzer Ameisen gemeinsam vorrücken wie eine sich schlängelnde Schlange.

Ich weiß heute nicht mehr, wo ich wirklich war, als all das, was ich hier niedergeschrieben habe, geschah oder nicht geschah. Ich erinnere mich nur noch, dass ich mich Ecke Eduard-Bernstein- und Arlosoroff-Straße bückte, um nachzusehen, was die Ameisen auf dem Rücken transportierten, und dabei entdeckte, dass sie gar nichts trugen, sondern eine prächtige Ameise begleiteten, die eine kleine Sänfte aus Stroh auf dem Rücken balancierte, und in der Sänfte sah ich einen winzigen Krebs, geehrt wie ein Königssohn. Inzwischen hatte sich der Himmel aufgehellt, und die Wolken waren fortgezogen.

In meiner Kindheit hatte man noch nicht die verschwiegenen Meeresbuchten und das natürliche Becken beseitigt, über denen unsere geheime Höhle im Kalksandstein saß, bestückt mit Konservendosen und Zwieback, die wir dort für den Fall versteckten, dass Rommel in El-Alamain siegte und die Nazis das Land erobern und wir in der Höhle ein zweites Massada veranstalten würden. Ja wir versicherten, wie in dem Gedicht von Abraham Broides, das der Lehrer Blich tief bewegt und mit Tränen in den Augen zu deklamieren pflegte, wir würden Jerusalem als Todgeweihte erbauen.

Lehrer Blutundfeuers Sohn Trumpeldor, der als der hübscheste Junge unserer Schule galt und unserer Gruppe sicher beigetreten wäre oder es vielleicht getan hat, ohne dass ich mich noch daran erinnere – »Die Aufständischen von Massada über dem Kalksandstein« nannten wir uns damals –, dieser Trumpeldor stand schön, stolz und rank auf dem Felsen über dem natürlichen Becken, und Silpa S., die schon einen Büstenhalter trug, was wir wussten, weil wir die Mädchen zum Nachprüfen auf den Rücken hauten und bei ihr die Häkchen spürten, und von der man auch munkelte, sie habe einmal geküsst und sogar Salontänze getanzt, Silpa also sagte, Trumpeldor Blutundfeuer sähe auf dem Felsen aus wie Tarzan, und wurde wütend, als ich losprustete, denn was versteht schon ein Mädchen, selbst eins mit BH, von Tarzan-Filmen im Volkshaus für elf Mil pro Sitzplatz. Aber dann tat es mir leid, denn ich war ihretwegen eifersüchtig auf ihn, und ich sagte, er sähe aus wie ein kühner Held. Trumpeldor, der Trempel genannt wurde, der kühne Held mit den hübschen Gesichtszügen, breitete die Arme aus, lehnte sich leicht vor wie so ein Nimrod, und alle standen bewundernd da und klatschten ihm Beifall. Er wedelte mit den Armen, winkte uns etwas geringschätzig zu, hob den Kopf, sah mich und lachte, denn ich brachte ihn immer zum Lachen, so wie ich war. Und wie sonst rief er: »Für Yoram, der eine Wolke bezwingen wird«, und fügte natürlich hinzu, »auf Leben und Tod«, und dann streckte er die Arme nach vorne und lehnte sich vor, und mit einem Schlag wurde es mucksmäuschenstill über dem Wasser, als er wie Silpas Tarzan brüllte, sich auf die Zehenspitzen stellte und kopfüber ins flache Wasser sprang. Und ich sah, wie sein hübscher Kopf den Wasserspiegel berührte und auf einen Felsen aufschlug, hörte das scharfe Bersten und sah das Wasser rot werden, in dem nun Schädelsplitter schwammen.

Der Krebs in der Krippe der Ameisen wirkte nervös, aber kalt, suchte vielleicht mit empörender Gleichgültigkeit Opfer aus. Ich wusste, dass Krebse, Bazillen und Ameisen einander lieben, und dachte, das sei nur recht und billig in einer Welt, in der jeder den anderen verschlingt. Die Ameisen begleiteten den Krebs in der Sänfte in eindrucksvoller Prozession, und es sah aus, als seien sie Teil einer göttlichen Lobhudeleiaktion. Oder vielleicht war nur gerade ein Bazillus gestorben, der dem Krebs am Leib geklebt hatte, und die Ameisen waren die einzigen hierzulande, die wirklich die Kameradschaft aus dem berühmten Lied »Kameradschaft« pflegten und dem Bazillus nun ein würdiges Begräbnis ausrichteten, und deshalb war der Krebs wohl mitgekommen, um seinem Gefährten das Geleit zu geben. Krebse kenne ich ja, dachte ich. Ich bin zerfressen von ihnen. Aber ich hasste sie nicht und sah staunend hin und dachte dann nicht mehr an die Kolonne.

Am nächsten Abend ging ich aus, um die künftige Braut von Rivkas Sohn kennenzulernen, der immer mit einer überdimensionalen Pistole herumlief und sich die kleinste Australierin auf dem Kontinent ausgesucht hatte, um mit ihr eine Familie zu gründen, und beide zusammen maßen, Kopf an Kopf, vielleicht zwei Meter siebzig. Am Ende des Abends ging ich wieder nach Hause in die Bilu-Straße. Einmal fragte mich ein junger Mann, wer Bilu gewesen sei, und ich sagte ihm, »ein berühmter Rabbiner«, und der Dussel dankte mir auch noch für die falsche Auskunft. Unterwegs zur Bilu-Straße kam ich in die Marmorek-Straße. Von der Ecke Ibn-Gabirol-Straße kroch eine Autoschlange zum Parkplatz der Konzerthalle, der derzeit leider wegen Umbau geschlossen ist.

Ich liege jetzt im Wunder meines vergangenen Lebens und denke an dieses Wunder. An die Kolonne des Krebses. Ich erinnere mich und weiß nicht, woher und warum, genau wie damals 1945, als wir das Massada-Massiv bestiegen, um zu rufen: »Wir werden dich nicht vergessen, Diaspora«, und ein Führer, der in der Palmach war, feuerte einen Schuss aus seiner Pistole ab, die er insgeheim mitführte, und ich kletterte auf eine Felsnase. Es war Chanukka und kalt und dunkel, ich blickte geradeaus, und die ganze Landschaft war voll mit Lichtern, wie ein riesiges Weihnachten, denn die Verdunkelung des Großen Kriegs war aufgehoben, und ich dachte, was ich da sah, sei ein funkelnder und schöner Garten Eden, aber ich spürte eine Erschütterung, hörte einen Stein in den Abgrund poltern, tat einen Satz zurück und begriff, dass ich am Rand von Massada stand, um ein Haar ein weiterer Stein am Fuß des Felsmassivs geworden wäre, und dachte mir dabei, wenn Juden an der Endlinie stehen, sehen sie das Paradies, und umgekehrt.

Und hier in der Marmorek-Straße, angesichts der Autoschlange, dachte ich an die Wolke, die mich in der Eduard-Bernstein-Straße nass geregnet hatte und nun langsam dahinsegelte, und mir blieb nichts anderes übrig, als sie herbeizuholen. Sie schüttete Regen über die langsam voranrollenden Autos, die geschlossenen Wagenfenster beschlugen, und hier und da dröhnte aus einem Fenster das, was man heutzutage Musik nennt. Ich stand vor dem Zebrastreifen zwischen zwei Wagen. Ab und zu krochen die Autos ein paar Zentimeter vorwärts, und ich suchte eine Lücke, um die Fahrbahn sicher zu überqueren. Die Fahrer saßen starr in ihren verrammelten Wagen, man hörte das nervende Summen angespannter Stille, und ich stand zwischen den beiden Autos, die genau auf dem Zebrastreifen hielten, den ich überqueren musste, um auf meine Seite der Bilu-Straße zu gelangen, die am Taxistand Schekem »Kleine Bilu« heißt. Urplötzlich scherte ein Auto vom Ende der Schlange aus und preschte vor, vorbei an der ganzen langen Reihe, und der Fahrer hupte laut, bis er den Kopf der Schlange erreichte. Dabei schwenkte er links rüber auf die Gegenfahrbahn, und der Fahrer des Wagens vor mir erschrak, der Fahrer hinter mir ebenfalls, ich hörte zwei Schreie zugleich, und die beiden Autos machten einen

Satz, doch ich konnte noch schnell zurückweichen, ehe die beiden zusammenprallten, und wurde nicht eingequetscht, und aus dem Fenster des Wagens hinter mir hörte man den Fernsehsprecher Chaim Yavin im Rundfunk sagen: »Es gibt keine Verletzten«, und die aufgebrachten Fahrer verfluchten den Verkehrssünder.

Am nächsten Morgen, nicht weit von dort, an Schimschons Laden, lief eine schwarze Katze vor mir vorbei. Sie huschte von rechts nach links oder von links nach rechts, das weiß ich nicht mehr genau. Ich dachte an den Bazillus bei dem Krebs, den ich am Vorabend in der Krippe der Ameise gesehen hatte, und mir fiel ein, wie mein Vater Mosche über unsere Nachbarn zu spotten pflegte, die er nicht ausstehen konnte, weil sie in Pyjamas auf den Balkonen saßen und Aberglauben über schwarze Katzen anhingen. Die klitzekleine Russin mit den hübschen Augen, die unsere Straße kehrt, stand an der Ecke Cremieux-/Bilu-Straße, machte dann ein paar Schritte vorwärts, sah mich an, breitete die Arme aus, rief etwas auf Russisch und sagte, ich sähe nett aus, zwar alt, aber nett, und ich hätte ein Riesenglück, dass ich noch am Leben sei, nachdem die schwarze Katze meinen Tod befohlen habe. Sie bekreuzigte sich vehement. Ich bemerkte, sie würde sich komisch benehmen, und sie brach spontan in ein Weinen aus, das so schön und gesittet war, und vielleicht spottete sie meiner überhaupt, denn sie sagte: »Ich kehren Ihre Straße und wissen, wer Sie sind, Sie wohnen im Haus der Rumänin«, und dann zog sie ein Foto hervor und sagte, die Frau auf dem Bild sei ihre Mutter. Ich schaute darauf und sah eine hübsche junge Frau im Schatten dichter Alleebäume in Odessa stehen, wo Odessa doch die Geburtsstadt meiner

Mutter Sarah ist, und als ich der Frau sagte, meine Mutter sei in Odessa geboren, freute sie sich. Nun staunte ich auch über ihr Hebräisch, vielleicht hatte sie das aus dem Ulpan: »Sitzt ihr Schwestern einträchtig beisammen«, wandelte sie das bekannte Lied von den Brüdern ab und fügte hinzu: »Woher in Odessa stammen die Herrin?« Ich sagte ihr, meine Mutter Sarah sei keine Herrin und sie sei 1909, noch als Kind, nach Erez Israel gekommen, sodass ich nicht sicher sei, ob sie ihre Mutter gekannt habe. Die Russin rechnete die Jahre nach, murmelte etwas, schüttelte ungläubig den Kopf und sagte: »Aber wie damals? Israel war doch noch nicht?« Ich antwortete ihr, das stimme, Israel habe mit seiner Geburt auf mich gewartet, und sie lächelte, dachte wohl, sie hätte einen Idioten aufgegabelt, was der Wahrheit nahekam, und sagte, eine schwarze Katze bringe Unglück und Kreuze würden Juden besser helfen als Davidssterne.

Ich erzählte ihr, dass an Bord des Schiffes mit Holocaustüberlebenden, auf dem ich 1949 arbeitete, viele junge Frauen Kreuze am Hals trugen und sagten, sie würden nie und nimmer jüdische Kinder in die Welt setzen. Eine von ihnen versicherte mir sogar, sie werde jedes jüdische Kind umbringen, das es wagen sollte, sich in ihren Schoß einzuschleichen. Ich sah eine Träne aus dem linken Auge der Russin rinnen, und ich weiß nicht, warum ich behalten habe, dass die Frau Linkshänderin war, vielleicht weil mein Vater Linkshänder war oder, wie meine Mutter Sarah gern sagte, »beiderseits rechtshändig«. Ich sagte zu der Straßenkehrerin, ich hätte das mir bestimmte Unheil gerade *wegen* der schwarzen Katze verpasst, denn gestern gegen Abend, am Zebrastreifen hier Ecke Marmorek-Straße, wäre ich beinah zweimal totgefahren worden, zum ersten Mal, als ein idiotischer Fahrer vor mir vorbeiflitzte, und zum zweiten Mal, als zwei Autos, zwischen denen ich stand, mich beinah zerquetscht hätten, und vielleicht habe die schwarze Katze sich überhaupt in der Zeitrechnung geirrt. Sie erklärte mir, das käme vielleicht, weil Katzen eine andere Zeit hätten. »Ich verstehen was von Zeit«, sagte sie, »ich haben eine Tochter in San Francisco, so eine liebe, ist nicht zurechtgekommen im Leben, jetzt hat sie's nett, ist beinah verheiratet mit einem Mann, reich und jüdisch, vielleicht wirklich nicht groß, sieht aber groß aus auf Bild, und bei allem Geld, was er hat, ist doch egal, ob groß oder nicht, vielleicht hat er beim Fotografieren überhaupt auf Hocker gestanden?« Und ich sagte ihr, Herzl, der König des Zionismus, habe auf dem Balkon des Hotels in Basel auf einem Schemel gestanden, als er sagte: »In Basel habe ich den Judenstaat gegründet«, denn er begriff, dass man, um jüdische Staaten zu gründen, Höhe braucht. Die Juden hatten damals eine durchschnittliche Körpergröße von ein Meter fünfzig, und er wollte majestätisch wirken.

Sie versuchte, meinen Worten zu folgen, und sagte: »Meine Tochter befinden sich zehn Stunden zurück und manchmal neun, oder vielleicht ich mich irren und es sind überhaupt elf Stunden, und das ist, weil Katzen und San Francisco dieselbe Zeit haben.« Ich sagte, es käme vielleicht davon, dass man mir vorgestern die Mesusa ausgewechselt hat. Der Hauswirt hatte mich gebeten, einen Rabbiner hereinzulassen, damit er eine neue Mesusa anbringen könne, denn er hatte im Horoskop gelesen, wenn er eine gute Tat täte, würde er im Toto gewinnen, und da dachte er sich, man sollte mit Gott im Reinen sein und am billigsten käme man mit Gott ins Reine, wenn man die

Mesusa überprüfen ließe. Aber als echter Hauswirt war er auch gewieft genug, keinen richtigen Rabbiner zu holen, der ihn teuer zu stehen gekommen wäre, sondern nur einen Talmudstudenten, der sagte, er wäre beinah Rabbiner, und mir verriet, er brauche Geld für eine Abtreibung bei einem Mädchen, bei dem keiner wissen dürfe, dass sie schwanger ist. Der brachte also die neue Türkapsel mit den Bibelversen an, sprach den dazugehörigen Segensspruch und küsste sie, als sei sie das Mädchen, das eine Abtreibung brauchte, ja betete so inbrünstig, dass ich ihm noch ein bisschen Extrageld für die Abtreibung gab, mit dem Hintergedanken, dadurch zum Rückgang des frommen Bevölkerungsanteils beizutragen. Der Russin, die mir mit unerklärlicher Begeisterung zuhörte, sagte ich noch, vielleicht sei das alles gerade deshalb passiert, weil meine Mesusa zu koscher ist.

Ich dachte mir, trotz des Todes, der mir gestern zweimal auflauerte und entschlossen schien, mir zu schaden, bin ich ein recht gesunder Mensch. Das Alter hat mich zwar befallen, wie es uns alle befällt, und Alter ist nichts, das einen mit Segnungen überhäuft, und auch kein großes Vergnügen: Mein Blutdruck ist ziemlich hoch, ich leide unter Rückenproblemen und Migräneanfällen, bin an der Prostata operiert, und einmal hatte ich eine Gürtelrose wie Golda Meir, die eine Plage war, das heißt sie beide, die Rose und Golda, hatte auch mal einen kleinen Hirnschlag, der meinen Gleichgewichtssinn beeinträchtigt hat, aber da war nichts Dramatisches, das nicht unter Kontrolle gewesen wäre. Doch als ich einen Tag nach der Begegnung mit der reizenden Russin in der Marmorek-Straße abends mit meinem Hund Adam von der Allee zurückkehrte – er war einer Katze nachgejagt, die auf einen Baum kletterte, und ich musste ihn mit Gewalt zurückhalten, hätte mir beinah die Schulter ausgekugelt –, spürte ich daheim einen Druck im Nacken, ein sicheres Anzeichen für erhöhten Blutdruck. Ich fütterte Adam und suchte in der Schublade ein Mittel zur Blutdrucksenkung, fand jedoch nur eine einzige Tablette. Ich brauchte also ein Rezept und rief Pnina an, die Sprechstundenhilfe von Doktor Szold, der im Ärztehaus in der Reines-Straße praktiziert, und am nächsten Tag ging ich zu ihm. Er untersuchte mich und gab mir ein Rezept, riet mir aber auch, eine Blut- und Urinuntersuchung machen zu lassen, weil jeder über fünfzig das ein- bis zweimal im Jahr tun sollte, und meinte: »Denken Sie daran, dass Sie nicht mehr der Jüngste sind, dass Sie vor drei Jahren einen Hirnschlag erlitten haben und nicht mehr mit geschlossenen Augen Fußball spielen.« Das hatte ich auch in meiner Jugend nicht getan, aber ich dachte mir, was kann es schaden, noch ein bisschen zu leben?

Am nächsten Morgen klarte der Himmel auf, und eine winterliche Sonne schien. Ich ging zur Maccabi-Poliklinik in der Balfour-Straße zur Blutuntersuchung, und ein paar Tage später suchte ich wieder Doktor Szold auf, wartete im Wartezimmer, las in einer zwei Jahre alten Ausgabe von *Für die Frau* über ein Mädchen, das mit vier Kindern im Schoß geboren worden war, bis Doktor Szold mich hereinrief. Er sagte mir, er habe die Untersuchungsbefunde am Computer geprüft und es sei alles in Ordnung, aber es bestehe Verdacht auf eine Anämie, die vorher nicht ersichtlich gewesen war, und ich solle eine Darmspiegelung machen lassen. Ich rief an, um einen Termin zu erhalten. Man sagte mir, wegen meines Zustands werde man mich vorziehen, sodass ich nur zwei Monate warten müsse. Ich schrieb einen etwas gemeinen Aufsatz über die lange Warterei auf eine Untersuchung, die einem im Fernsehen und in der Presse dauernd anempfohlen wird, und ein gutherziger Mensch las den Aufsatz, rief an, und ich erhielt einen Termin für die nächste Woche. Ich ging zum Arzt, er untersuchte mich, sagte, es sei sicher nichts weiter, und erklärte mir, was ich bis zur Darmspiegelung tun müsse. Nach einer Nacht, in der ich alle Augenblicke auf die Toilette laufen musste und einen schlechten Geschmack im Mund hatte, ging ich frühmorgens ins Ichilov-Krankenhaus und wurde auf das Zimmer von Professor Samir Halperin gelegt, einem noblen und heiteren Mann, der die Untersuchung schmerzlos vornahm.

Danach – mehr oder weniger, denn von nun an sind die Worte nicht mehr ganz so relevant –, danach war ich benommen, trank eine Menge Wasser und wurde in ein langes, enges Zimmer geschickt, in dem schmale Betten mit Vorhängen ringsum abgeschirmt waren. Mann für Mann lag dort in seiner Kabine, an die zehn bis zwölf Untersuchte. Es war mir unangenehm, dass ich die Blähungen nicht zurückhalten konnte, ich schämte mich und wand mich vor Schmerzen. Ein eifriger alter Jemenite mit klarer, enthusiastischer Stimme schwang einen Fahrradlenker in der Hand, dirigierte unser Orchester und rief: »Was habt ihr denn? Gebt Gas! Gas geben! Furzen! Los, furzt! Wo bleibt das Geballer?«

Am Fußende der Kabinen saßen die Angehörigen, aßen belegte Brote, tranken Coca-Cola oder Saft und warteten auf ihre Lieben. Der Jemenite kam zu mir. Ich war verlegen und krümmte mich vor Schmerzen, und er rief: »Was ist denn mit Ihnen los? Schämen Sie sich, Gas zu geben? Das ist wichtig. Nur so werden Sie gesund.« Da blieb mir nichts anderes übrig, als mich dem Orchester anzuschließen.

Danach rief man mich in Professor Halperins Sprechzimmer. Miranda saß schon dort, schön, aufrecht, mit ihrer durchschimmernden Haut. Nicht nur ihre Stimme klang wie Zahnpasta, auch ihr Körper war so rein und weich. Sie lächelte mich an mit einer Liebe, die mir noch in das Alter heimlicher Lieben zu gehören schien, vor allem aber nicht nur mit Mitleid, das sie zwar wohl empfand, aber nicht hervorkehrte, und das wurmte mich, tat mir jedoch besonders gut. Der Professor war anders angezogen als bei der Untersuchung, trug was Leichtes, Sportliches, obwohl er lahmte, sodass er selbst keinen ganz gesunden Eindruck machte, was mir irgendwie half. Er saß auf seinem Stuhl, blickte abwechselnd mich und die Aufnahme an und sagte mit samtiger Stimme, leicht erschrocken, aber recht kraftvoll und dabei auch sanft: »Ich muss Ihnen etwas sagen.« Ich warf Miranda einen Blick zu. Sie wirkte majestätisch in ihrer Traurigkeit, in dem blauen Kleid, das sie trug, als sie neben mir auf dem braunen Sofa saß und solch große Nähe vermittelte. Sie ergriff meine Hand und blickte mich lächelnd an, hielt meine Hand fest, und ich tröstete mich und sagte zu Professor Halperin: »Rede, denn dein Knecht hört.« Er versuchte zu lächeln und sagte: »Tut mir leid, wir haben ein paar kleine Polypen im Dickdarm entdeckt, die nicht bösartig sind, und natürlich haben wir sie vernichtet, aber es gibt da noch einen großen und ziemlich ernsthaften Polypen, der durchaus bösartig sein könnte, und den müssen wir operieren.«

»Sagen Sie mir, wann«, erwiderte ich. Er sah mich verwundert an. Nach einer langen Weile fragte er, wie es angehen könne, dass ich nicht in Erregung geriet und nicht weinte. Meist würden die Patienten in diesem Moment in Tränen ausbrechen. Ich sagte ihm, ich hätte in Gedanken schon so oft den Krebsbescheid gehört, dass jetzt, wo er käme, kein Grund zum Erschrecken mehr bestehe. Mein Vater Mosche habe oft gesagt, Leute, die viele medizinische Bücher läsen, könnten wegen eines Druckfehlers einem Herzschlag erliegen. Halperin versuchte, ein Lächeln zu unterdrücken, und fixierte mich liebenswürdig, und ich sagte, ich täte es König David nach, der dasaß und trauerte, bis sein Sohn starb, danach aber aufstand, sich ankleidete und etwas aß. Auch ich würde vorher oder nachher trauern, aber nicht in Jetztzeit. Er drückte mir die Hand. Untersuchte mich. Ich wunderte mich selbst über meine Seelenruhe. Ich war nicht gerade in Hochstimmung, aber auch nicht besorgt. Heute kommt es mir eigenartig vor, dass ich mich nicht aufregte. Schließlich hatte mir ein Arzt mitgeteilt, ich müsse ein Krebsgeschwür operativ entfernen lassen, und statt in Panik zu geraten, übte ich mich plötzlich wie ein Idiot in Gelassenheit, als würde das alles jemand anderem passieren.

Am nächsten Morgen kam ich auf die Chirurgie II und durchlief alle Voruntersuchungen. Man kutschierte mich in Fahrstühlen auf und ab, und bis auf die Ohrläppchen wurde alles durchgecheckt. Ich wurde abgelichtet, als wäre ich ein Weltklassemodel. Man schob mich in ein CT-Gerät, das wie eine riesige Betonmischmaschine aussah, ließ die Röntgenröhre um mich rotieren, sodass ich darin von tanzenden Lichtern überflutet wurde. Zu guter Letzt war, wegen des zuvor erlittenen Hirnschlags, auch noch eine Mittelohruntersuchung erforderlich. Man brachte mich in den Keller des Krankenhauses. Dort saß ein Arzt, der mit russischem Akzent, aber fließend Hebräisch sprach. Er ließ mich Platz nehmen und bat mich, ihm mit der Hand zu signalisieren, wenn ich mich übergeben müsse oder mir schwindlig oder flau würde. »Diese Untersuchung gilt als unangenehm«, sagte er lächelnd, schien wirklich Mitgefühl mit mir zu empfinden und fügte in sanftem Ton hinzu: »Aber was kann man machen? Es bleibt keine andere Wahl.« In seiner Stimme lag Sorge, aber auch nicht gänzlich verhohlene Freude. Er bat mich auf die Liege, sagte, ich solle an die Decke schauen, verrückte ein paar Gegenstände, spielte mit Schläuchen, prüfte den enormen Wasserdruck, und ich verspürte leichten Schwindel. Er kam mit einem Schlauch, der in einem runden Bronzehahn endete, sagte: »Tut mir leid, mein Herr, das wird hart«, und schoss mir einen starken Warmwasserstrahl ins Ohr, der mir bis ins Gehirn drang. Ich hatte noch nie erlebt, dass mit Wasser geschossen wurde, hatte es nur in den Fernsehnachrichten gesehen, wenn Polizisten Demonstrationen auflösten. Hier gab es nur ein kleines Ohr und einen starken Strahl und ein kleines Zimmer und einen Keller, aber ich hatte schon lange kein solches Wohlgefühl mehr erlebt. Der Arzt beobachtete mich unaufhörlich. Er wartete. Schien sich zu wundern. Ich hatte Mitleid mit ihm, weil ich nicht litt, denn vielleicht hätte ihm das geholfen. Aber er sagte kein Wort, steckte auch ins zweite Ohr einen Schlauch, spülte wieder, und mir wurde noch wohler. Ich schwieg. Er wirkte schon verärgert, überprüfte die Schläuche, holte einen neuen Schlauch mit einem neuen Hahn, schoss mir Eiswasser ins Ohr, und ich lächelte. Es herrschte Schweigen. Ich stand auf. Er sah mich verwirrt an. Ich fragte ihn, ob er mir bald wieder mal einen Besuch hier arrangieren könnte, und er bestaunte mich, als wäre ich ein berühmter Läufer, der einen olympischen Rekord gebrochen hatte. Da er wohl nicht wusste, was er anfangen sollte, blieb er auf seinem Stuhl sitzen und klatschte errötend Beifall.

Einige Tage später kamen zwei Sanitäter herein und legten mich auf eine Fahrbahre. Schwestern liefen wie Schneepflüge vor uns her. Ich sehe eine Fahrstuhlwand, fahre abwärts, unerklärliche Finsternis steht vor mir wie eine Wasserwand. Ich versuche zu denken, aber mein Hirn ist leer. Sie fahren jemanden. Vielleicht bin ich das. Das Licht ist doch nicht erloschen, ein unangenehmes Rütteln ergreift mich, als ich in die Schlachträume gebracht werde. Jemand hebt mit gekünsteltem Lächeln meinen Kopf etwas an und schiebt mir einen Sperrholzkeil unters Kissen. Vor mir sehe ich ein gelbes Stahltier mit einem Riesenarm, der über mir schwingt, und oben in einer kleinen Kabine sitzt ein fröhlich lachender Mensch, der ein Sandwich kaut und mich anblickt. Der Arm hält an, der Mann mit dem Sandwich im Mund sagt scherzend: »Nicht bewegen, lächeln, Sie werden fotografiert!« Dann dreht die Maschine ab, ein junger Arzt kommt und hält mir ein Formular hin, hat sogar einen Stift mitgebracht, aber der Stift schreibt nicht, und der Mann wird ärgerlich, sagt, das würde ihm immer passieren. Viele Betten wie meines werden jetzt hereingeschoben, die Stunde des Schlachtopfers ist angebrochen, aber es werden auch Betten hinausgeschoben mit Menschen, die wie Leichen aussehen. Ein Stoffwechsel.

Ich sehe einen Rabbiner mit Torarolle herumlaufen, und der Arzt bittet die Schwester um einen Stift, aber sie hat keinen, bittet einen Patienten, der ihr einen gibt, und der Arzt nimmt den Schrieb und reicht ihn mir, und ich unterschreibe, ohne genau zu wissen, was, und jemand zieht das Stück Sperrholz unterm Kissen weg, und es kommt Professor Klausner, der mich zwei Tage vorher besucht hat, um mir zu erklären, was er machen werde, wenn er mich geschlachtet habe, und er trägt einen grünen Kittel und einen weißen Mundschutz und scheint sich auf die Katastrophe zu freuen.

Man rollt mich in die Mitte des Saals, der aussieht wie ein Fußballplatz. Schlagartig wird der Raum unterteilt, zerfällt in viele kleine Kämmerlein, und ich liege in einem davon. Das Stofftor schließt sich, ich spüre die starke Kälte, die mich packt und die armen Bazillen schneidet und auch mich. Ich möchte mich beschweren, schäme mich aber und denke, wer bin ich denn, dass sie mich schneidet, und dann überfallen mich maskierte Grabräuber und warten, dass ich den Geist aufgebe, und die Vorhänge schließen sich, und ich bin von der Welt abgeschnitten. Etwas in mir sagt, geh pfeifen, stirb jetzt, zahl später, Tod zum Sonderpreis, ein Toter für zehn Schekel, zwei Tote für nur sechs. Und vor allem, mach keinen Lärm: Hier wird geschnitten. Ich befinde mich am Eingang und vielleicht gleichzeitig am Ausgang. Hier gibt es haufenweise Messer. Mattes Summen elektronischer Geräte. Der Sohn meiner Mutter Sarah liegt mit dem Gesicht zur Lampe und hört Gemurmel. Man verpasst mir eine Spritze, die eisige Kälte ist dem Augenblick angemessen, der Professor sagt: »Keine Sorge! Ich bin da«, und ich versinke. Einen

Moment sehe ich das Auge des Professors nach meinem Gesicht schauen, schnell näher kommen, ich will zu meinem natürlichen Zustand zurückkehren, habe aber keinen Normalzustand, ich bin eine verstörte Leiche, die Augen des Professors kommen noch näher, und dann gleite ich in ein ungreifbares, eisiges Nichts, alles um mich her verstummt.

Ich erwachte im Aufwachraum. Offenbar waren Stunden vergangen. Miranda und meine Tochter Naomi traten ein. Sie zogen mir den widerlichen, blutgetränkten Kittel ab, damit ich meinen neu gemachten, geschmückten Bauch bewundern konnte. Ich guckte hin und sah, dass er sich in ein Riesenbild großer roter Nähte verwandelt hatte, das wie eine alte Landkarte oder ein alter Stich aussah, kreuz und quer gestichelt bis zum Hals wie ein überdimensionales welkes Blatt, oder richtiger gesagt wie eine Fischgräte. Doktor Klausner kam feierlich herein, nun schon ohne Mundschutz, aber die Schürze mit meinem Blut befleckt, ich kenne schließlich mein Blut, und er sah etwas blutig aus, wie ein Hofmetzger, und sagte mit klugem Lächeln, er sei dabei gewesen, habe selbst operiert, es sei keine Operation per Stellvertreter gewesen und ich müsse wissen, dass es tatsächlich ein ziemlich großes Krebsgeschwür gewesen sei, »wir mussten fast die Hälfte des Dickdarms und ein Drittel des Dünndarms wegschneiden«, und er erklärte mir, der Krebs habe auf der rechten Darmseite gesessen, aber die Operation sei gelungen, es gäbe keine Metastasen. »In ein paar Tagen«, sagte er, »gehen Sie wie neugeboren heim.«

Ich hatte früher nie an meinen Dick- oder Dünndarm gedacht. Nun, da man mich eines Drittels meines einzigen

Bauches beraubt hatte, den ich nicht direkt liebte, aber doch als Teil meiner selbst betrachtete, überlegte ich, dass dieser Krebs mir gehörte. Ich hatte ihn geboren. Miranda hat Töchter geboren, ich einen Krebs. Wann kommt ein Mann schon in den Genuss eines Geburtsvorgangs? Ich fragte den Professor, ob er mich, soweit er sich erinnern könne, in Liebe operiert habe und wo der Krebs gelandet sei, denn mein Lieblingsschriftsteller, Yukio Mishima, schrieb, um einen Apfel zu lieben, müsse man zu seinem Herzen gelangen, und um zum Herzen des Apfels zu gelangen, müsse man ihn ermorden. Er lächelte schmerzlich, als wüsste ich seine hervorragende Arbeit nicht zu schätzen, und sagte mir mit verhaltener Traurigkeit, ich könne von Glück sagen, dass ich so davongekommen sei.

Ich lag im Bett, Schwestern kamen und wuschen mich. Miranda und Naomi blieben. Ich begann zu genesen. Ich hatte Schmerzen, war aber leicht betäubt, und die Schmerzen waren unter Kontrolle. Trotzdem wurde es zwei Tage später nichts mit dem Heimgehen. Meine tätowierte Bauchdecke, bildschön in ihrer feinen Maserung mit all den malerischen Nähten, rebellierte. Ich hörte sie grummeln, und die gefälligen Nähte des Metzgers platzten wie eine Eierschale. Ich konnte kein Wasser lassen, fühlte mich schlapp und verlor das Bewusstsein. Ich kam wieder zu mir, wollte etwas sagen, es lag mir auf der Zunge, aufgeregt begann ich zu sprechen, brachte aber kein Wort heraus, verlor erneut das Bewusstsein, und als ich wieder aufwachte, lag ich auf der Fahrbahre zurück zum Schlachtsaal.

Die Bahre hielt vor der Tür, wo eine gewundene Schlange von Einkaufswagen stand, und darin lagen junge Leute beiderlei Geschlechts in bunter Kleidung, wie erstarrt. Ich blickte sie an und dachte, vielleicht sind das Skulpturen, in verkrümmter Haltung fixiert, aber reglos. Ein junges Mädchen, fast noch ein Kind, für einen Ball verkleidet, trägt ein kurzes rotes Kleid, und ihre Beine sind angewinkelt, regen sich jedoch nicht, und sie ist – weiß ich, ohne zu wissen, woher – tot, aber anscheinend auch eifersüchtig auf mich, weil man mich vor ihr zum Schlachten hineinfährt, und sie bricht in Tränen aus und sagt, warum gerade er, das heißt ich, bringt jedoch kein Schluchzen heraus, weil sie ja tot ist. Und da kommt meine Tochter Naomi mit ihrer antiken jüdischen Schönheit, die sie von ihrer nichtjüdischen Mutter geerbt hat, und streichelt mir das Gesicht. Ich sehe, wie die hübschen jungen Menschen, die in leuchtenden Farben angemalt sind, verloren am Eingang der riesigen Kirche der Messer stehen, und Naomi hält mich fest und hilft den Sanitätern, mich hineinzubringen.

Ich werde betrübt wegen der Jugendlichen in den Wagen, meine zu wissen, dass sie bei einem Verkehrsunfall verletzt wurden. Sie tragen Festkleidung, und ihr Anblick tut mir weh. Ein rundlicher Arzt lässt mich das Formular unterschreiben, das ich auch diesmal nicht lese, und das Röntgengerät fährt wieder über mir vorbei, der Mann oben lächelt mir zu wie einem alten Bekannten und ruft *»Ahalan!«,* als wären wir Freunde. Der grausige Arm des Geräts leuchtet auf, und der Mann ruft: »Bruder, hübsch lächeln, ich fotografiere!« Und ich versuche, in die Kamera zu lächeln, wie meine Mutter Sarah es immer wollte, wenn sie mich einmal im Jahr in die Nachlat-Benjamin-Straße mitnahm, um mich im Studio nahe dem Mugrabi-Platz fotografieren zu lassen, mit dem Dschungel im Hintergrund oder neben der berühmten Vase mit den Goldfischen, die auf den Schwarz-Weiß-Aufnahmen gar nicht golden aussahen, aber alle wussten, dass es Goldfische waren. Ich frage den rundlichen Arzt nach den Kindern in den Einkaufswagen am Eingang, und der Arzt wirkt nervös und erwidert: »Na hören Sie mal, welche Kinder denn, wo?« – »Was heißt wo?«, sage ich. »An der Tür.« Und er streicht mir über die Stirn und meint: »Machen Sie sich keine Sorgen«, hat aber wieder keinen Stift, der schreibt. Wieder findet man einen Stift. Wieder unterschreibe ich, und wieder herrscht eisige Kälte. Ärzte und Pflegekräfte vereinigen sich über mir zu einer dunkelnden Blume, die aufzublühen geruht, und die Worte, die mir in den Sinn kommen, sind: helles Licht. Ich habe keinerlei Zeitgefühl. Das helle Licht erfreut meine dunklen, geschlossenen Augen, und ich möchte den Schwestern in den Worten der Genesis sagen: »Ada und Zilla, hört auf meine Stimme, ihr Frauen Lemechs«, und bin neugierig, aber auch müde, schwebe vor Müdigkeit, und notgedrungen respektiere ich schon die beißende Kälte, die mich schneidet. Verschwommen sehe ich Menschen in den vielen Kämmerchen liegen oder sich hinlegen und auf die Operation warten, und plötzlich richtet sich in einem von ihnen Nachtsche Heimann auf und winkt mir zu, und dieser Gute bringt sogar noch ein Lächeln zustande. Man schließt uns je in eine Kabine ein, die grüngewandeten Schlächter fallen über uns her, ich bin ja unbewaffnet, und das Gemetzel beginnt.

Später erklärte man mir, die Narkose habe zu stark gewirkt. Ich sah zwei lächelnde Menschen über mir mit den Händen fuchteln. Ich wusste nicht, wo ich war. Ich sah Schwestern, die redeten, und auch einen Arzt im Kittel, der sang. Ich staune, und kein Mensch beachtet mich. Ich rufe: »Holt mich hier raus, mir ist kalt!«, aber kein Mensch reagiert. Die Mistkerle hören nicht. Ein Arzt kommt durch den Haupteingang und schlägt mich mit einem Stock, aber das macht mir nichts aus, denn ich bin in einem großen Eisblock gefangen und erfriere, und unterdessen verlasse ich unser Haus in der Ben-Jehuda-Straße 129, und es ist heiß, der Vorabend von Jom Kippur des Jahres 5700, das heißt 1939/40, das Jahr steht unter dem Motto »Denn der Frevler Zähne werden zerbrochen«, und ich stehe mit dem Fahrrad im glutheißen Chamsin, einem von denen, die auf der Welt passierten, als sie noch jung war, und ich warte in der Schlange vor dem Eisladen in der Dizengoff-/Ecke Arlosoroffstraße gegenüber dem großen Fikusbaum, der auch längst tot ist, um einen Eisblock für den Tag nach dem Feiertag, damals ein Sonntag, zu kaufen, und als ich an der Reihe bin, lege ich den ganzen Eisblock auf den Gepäckträger, fixiere ihn mit Gummizug und radle heimwärts. Ringsum radeln zig Menschen in Trägerhemden mit Eisblöcken auf den Gepäckträgern. Das Eis schmilzt und tropft in der Hitze, und die Straße wird ganz nass. Plötzlich glitscht mein Eisblock weg und fällt, und ich versinke im kalten Wasser, fühle mich bedroht, aber dann liege ich wieder halb erfroren in dem riesigen Saal, schreie frustriert, und keiner hört mich. Ich begreife nicht, wieso mich keiner hört. Und mitten in dem Kuddelmuddel, das, wie ich weiß, barer Unsinn ist, versuche ich, aus dem Eisblock zu schlüpfen, ersticke schier vor Gestank und schaffe es nicht, möchte verstehen, wer die tauben Menschen um mich her sind, was die Schwester sagt, die so nahe bei mir steht, was sie dem Arzt ins Ohr flüstert, der seinen Kittel gerade gegen eine Militäruniform gewechselt hat, und ich sehe die weißen Handschuhe an den Händen der Schwester und ihre weißen Schuhe, die voll Trauer sind, und dann erwache ich elend und erniedrigt in meinem Bett im Aufwachraum.

Ich weiß nicht, wie viel Zeit vergangen ist. Ich war gewindelt und benommen, wusste, ich war dabei gewesen, aber nicht, was genau geschehen war. Ich erinnerte mich an das Eis, in dem ich gesteckt hatte. Meine liebe Tochter Naomi log und behauptete, ich sähe gut aus. Ich sagte, ich wäre beinah erfroren und keiner hätte darauf geachtet. Zwei Tage ruhte ich mich aus. Man brachte mir eine Schwester, die nachts bei mir bleiben sollte. Sie war dermaßen hässlich, dass ich mich sogar in meinem Zustand lieber schlafend stellte. Sie sah mich indigniert und erleichtert an, schlief ein und schnarchte ein bisschen für die hundert Schekel, die sie kostete. Und ich dachte an den polnischen Offizier, der zu einer Frau ging, die er in der Atom-Bar in der Ben-Jehuda-Straße gefunden hatte. »Fünf Pfund«, sagte sie, worauf er erwiderte: »Ein polnischer Offizier nimmt kein Geld an.« Zwei Tage später ging ich mit Naomi und Miranda zum Elite-Kiosk in der Vorhalle, um Kaffee zu trinken. Danach kehrte ich in mein Bett zurück und begann zu genesen.

In dem Zimmer, in das man mich verlegt hatte, lag neben mir ein Rabbiner, der dauernd betete, aber auch mal lachte. Bis dahin hatte ich keine lachenden Rabbiner gekannt. Ich fragte ihn, bei wem ich mich erkundigen könnte, wo sie meinen Krebs hingebracht hatten. Wie jeder, der das Wort »Krebs« hört, wirkte der Rabbiner leicht verängstigt, und er murmelte, normalerweise werde der Krebs herausgeschnitten, ein kleiner Teil verbleibe im

Krankenhauslabor und der Rest werde auf dem Friedhof begraben. »Wo?«, fragte ich den Rabbiner, und er sagte: »Wenn er von einem Juden stammt, dann bei Juden. Von der Tora her besteht ja keine Pflicht, den Körperteil eines Lebenden zu begraben, denn das Gebot ›begraben sollst du ihn‹ bezieht sich nur auf einen toten Menschen, aber wenn auch keine Pflicht zum Begraben besteht, so besteht doch auch kein Verbot dagegen, in den Genuss oder die Schmach ihrer Erfüllung zu gelangen.« Dem fügte er hinzu, die frühen Exegeten hätten die Verordnung, aber kein halachisches Gebot ausgegeben, dass man einen Teil des lebenden Körpers begraben müsse, nicht wegen des eigentlichen biblischen Begräbnisgebots, sondern zum Schutz der Priesterabkömmlinge, denn ein Cohen verunreinige sich auch an einem abgetrennten Körperteil, nicht nur am ganzen toten Menschen. Der Rabbiner räusperte sich kurz, sah mich verwundert an und fügte hinzu: »Wissen Sie was, warten Sie mal einen Tag.« Er sagte es und ich wartete.

Ein Freund besuchte ihn, offenbar ebenfalls Rabbiner. Nachdem sie gemeinsam gebetet hatten, teilte er mir mit, er habe sich bei dem Freund erkundigt, der bei der Beerdigungsgesellschaft Chewra Kadischa nachgefragt und erfahren habe, dass mein Krebs in Kirjat Schaul liege, Parzelle 2, letzte Reihe. Er gab mir die Nummer des Grabs, das noch nicht mit einer Platte abgedeckt sei, und erklärte, die Chewra Kadischa habe den Leichnam eines Juden namens Jack Konik erhalten, eines bedauernswerten Kantors aus Newark, New Jersey, der ins Land Israel eingewandert war, um dort zu sterben und sich auf die Ankunft unseres gerechten Messias vorzubereiten, aber nicht genug Geld besessen hatte, um sich in Jerusalem begraben zu lassen, und nun liege mein Krebs bei dem Leichnam von Jack Konik, dem Kantor aus New Jersey, in Kirjat Schaul. Und verglichen mit dem öden Friedhof, der den Namen Hajarkon-Friedhof trägt und wie ein Konzentrationslager für Tote aussieht, sodass nur wenige sich gern dort begraben lassen, ist Kirjat Schaul kein übler Ort, um tot zu sein – so man Jude ist, versteht sich.

Ich fragte ihn, ob es ein Rückkehrgesetz für nichtjüdische Krebse gäbe, die von Ameisen, die sie offenbar sehr liebten, im Ehrenzug getragen wurden, ob sie in einem jüdischen Totengarten begraben werden könnten, und er sagte ärgerlich, Krebse seien keine Krebstiere, sondern Geschwüre, und sie seien weder beschnitten noch unbeschnitten. Sie seien Teil des Körpers eines Juden, brauchten also keine jüdische Mutter oder einen religionsgesetzlich einwandfreien Übertritt, ja seien in der Tora nicht mal als unkoscher verzeichnet und würden von der Chewra Kadischa begraben, aber nur bei Juden. Vielleicht hat er sich etwas anders ausgedrückt, und ich habe es vergessen. Als ich ihm sagte, Krebse seien vorzügliche Nahrung, sagte er pikiert, nicht unsere Krebse. Er wollte mich trösten, und er tut mir so leid, denn später erfuhr ich, dass er vor mir gestorben, aber, anders als ich, nicht wieder zum Leben erwacht ist, obwohl er sicher viel mehr gebetet hat als ich.

Ich liege da und sehne mich nach dem Krebs, der in mir war, und denke mir, wer hat es gewagt, ihn unter die Erde zu bringen? Sie hätten warten können, bis ich gehe. Und was für ein Begräbnis haben sie ihm ausgerichtet? Der Rabbiner, der die gleiche Operation durchgemacht hatte wie ich, sagte: »Na hören Sie, es gibt nur eine Bestattungsart.« Ich fragte ihn, ob man den Krebs auch so in die Grube werfe wie einen Juden, denn ich könne nie vergessen, wie man die Leiche meines Vaters Mosche ins Grab geworfen habe, nicht mal einen Lumpen würde man so runterschmeißen, und er war nicht böse, sondern wirkte bekümmert und sagte, ein Krebs werde nicht so begraben wie ein Jude, schon gar nicht mit einem Gebetsmantel – und dann erhob er die Stimme: »Und was heißt hier Lumpen! Wieso Lumpen? Ein Gebetsmantel ist kein Lumpen.« Er blickte mich an und hatte Mitleid mit mir, dieser lebende Tote, und ich brachte ihn zum Lachen, worauf er lachend sagte: »Der Krebs wird nicht in der Erde begraben, denn er ist ja nicht aus Erde entstanden, aus Ihnen ist er entstanden, er wird in eine Dose gesteckt, auf der steht, dass er von der rechten Seite des Körperteils stammt, wie Sie mir sagten.« Ich fragte ihn, was es ausmache, von welcher Seite er sei, und er antwortete mir verärgert, aber mit einigem Charme, es mache tatsächlich nichts aus: »Aber denken Sie daran, dass Ihr jüdischer Krebs bei Jack Konik liegt, einem sephardischen Juden. Das ist wegen der Russen, unter denen viele Nichtjuden sind, deshalb sind Gräber von Aschkenasen rar geworden, und es gibt nichts Schlimmeres, als neben einem Nichtjuden begraben zu liegen, selbst wenn man ein Krebs ist. Auch ein jüdischer Krebs ist Jude.«

Nach diesem Gespräch verließ ich das Krankenhaus in einem ungeheuer lärmenden Eisenbahnzug. Mendele Mocher Sforim war der Lokführer, aber er war auch blind. Ich kam am Totengarten an. Neben den Gräbern meines Vaters Mosche und meiner Mutter Sarah sah ich ein kleines Schild mit dem Namen von Jack Konik aus Newark, New

Jersey, obwohl meine Eltern keine Sepharden gewesen sind. Ich stand dort, der Zug fuhr seines Weges, ein kleines Flugzeug zog am Himmel vorüber, ich war wohl dort hingekommen, weil ich traurig über den Krebs war. Aber na, in ein paar Tagen würde ich entlassen, und fertig, es gab keine Metastasen. Ich betrachtete mich als Glückspilz. Ich war nicht böse auf meinen Krebs, denn er war mein und ich war sein, in einer Art Bund, aber ich war böse auf Krebse in der Mehrzahl: Schurken und Söhne von Schurken. Ich sah auf der Chirurgie Menschen, die vom Krebs übel zugerichtet waren, Menschen, denen er das Menschenantlitz geraubt hatte. Brustamputierte. Bedauernswerte Frauen, die leise weinten. Männer mit Krebsen, die ihnen die Lungen, die Bauchspeicheldrüse zerstört hatten, mit Metastasen in der Leber. Verlorene, traurige, beschämte Blicke. Neben mir lag ein Mann, der, wie ich hörte, nur noch wenige Tage zu leben hatte. Da wusste ich noch nicht, dass man das eine Woche später auch von mir sagen würde. Aber mit anzusehen, was all diesen Menschen geschah, die vorher gesund gewesen waren, die geliebt und gegessen und einen Willen gehabt hatten, nicht mal Raucher waren, sondern auf sich geachtet oder auch nicht geachtet hatten, und dann kommt plötzlich der Krebs daher, schleicht sich ein und vernichtet alles, was ihm im Wege steht. Ausgelöscht sei die Erinnerung an diesen Vertreter des allmächtigen Gottes, den man hier am Lebensende als Abgesandten betrachtet, wie den, der Lot verkündete, dass Sodom und Gomorra vernichtet würden, doch anders als unser Erzvater Abraham verliert er kein Wort darüber, mischt sich nicht ein, fleht nicht um das Leben Zehntausender Menschen, sondern fertig, ab: Gott hat gesprochen, also gibt es keine Fragen. Ist das Gott, dann ist der Satan ein Blumenpott. Wenn sich das so verhält, dann ist der Krebs – wie Hitler nach der Lehre des Rabbis von Lubawitsch – ein Abgesandter Gottes, und dann meine ich, ausgelöscht sei der Name von allen beiden. Amen.

Als ich zurückkomme, ist der Rabbiner weg. Vielleicht hat man ihn zu einer Untersuchung abgeholt. Mir ist so leicht im Kopf, dass ich zu fliegen meine. Ich fahre mit meiner Mutter Sarah im Stadtbus der Linie fünf zu meiner Tante Bluma, die in der Amos-Straße wohnt. Später erklärte mir Schwester Marina, das käme nach überstandenen Operationen häufig vor. So sagte sie, und ich bedauerte, dass sie gemeint hatte, es sagen zu müssen, dass sie sagte, es habe kein Rabbiner neben mir gelegen und es fahre keine Eisenbahn durch die Weizmann-Straße am Krankenhaus vorbei, und seit wann sitze man denn Schiwa für einen Zopf? Letzteres, weil ich Marina erzählt hatte, dass meine Tante Bluma einmal sieben geschlagene Tage und sieben Nächte verbissen um den Zopf ihrer geliebten Tochter getrauert hatte. Mein Vater Mosche hatte sich geweigert, zu ihrer Schiwa zu erscheinen, aber meine Mutter Sarah und ich waren ergriffen gewesen von ihrer furchtbaren Liebe zu ihrer Tochter, ihrer naiven Trauer um deren Zopf. Was war es wunderbar, Schiwa bei meiner Cousine zu sitzen, die laut schluchzend ihren abgeschnittenen Zopf beweinte, zuzusehen, wie ernst dreinschauende Leute eintraten, in dunklen Anzügen trotz der Tel Aviver Hitze, Besucher, die auf Jiddisch oder Polnisch tuschelten, meine Tante Bluma küssten und sich niederbeugten, um ihrer Tochter Mathilda einen Kuss aufzudrücken. Und dann saßen sie alle auf den Sesseln und Sofas, tranken Tee und aßen trockene Kekse der Firma Frumin, schimpften wütend über den bösen Buben, der Mathilda den fünfzehn Jahre gewachsenen Zopf abgeschnitten hatte, äußerten ihren Ärger über den Jungen, der es, wie er gestand, aus Liebe getan hatte. Sie stammten aus Tarnopol mit seinen jüdischen Tränen, und die gesamte jüdische Geschichte steht ja in Büchern der Tränen verzeichnet. Sie saßen und weinten, eine Frau aus Tarnopol heulte sogar laut, und ich sagte zu ihr mit den Worten des Psalmisten: »An den Strömen Babels, da saßen wir und weinten«, und sie sagte: »Hier, am Jarkon, beim Schlachthaus, und diesen Lümmel mit seiner Liebe muss man ins Gefängnis stecken.«

Erst mal schlief ich. Ich war durstig und stand auf. Miranda kam und ging. Man maß mir die Temperatur. Gab mir eine Spritze. Kümmerte sich um die Flüssigkeit, die mir zugeführt wurde. Ich lag ein paar Minuten allein, aber die Privatschwester war noch da. Ziemlich apathisch lag ich ein oder zwei Tage im Bett, vielleicht auch drei. Nach den beiden Operationen war ich anscheinend müde und phantasierte infolge der Spritzen, die ich bekam. Mir schmerzten die Wunden, wo man mich zweimal genäht hatte, und ich versuchte zu begreifen, was vor sich ging. Abgerissene und üble Gedanken schlichen sich ein. Miranda brachte eine Zeitung mit und wollte mir daraus vorlesen, aber ich wies sie zurück und wollte nichts hören. Ein kleiner Trupp Ärzte schritt wie ein Mann von Bett zu Bett hinter dem Professor her, ohne nach rechts oder links zu schauen. Schließlich gelangten sie auch zu mir, der Professor blieb stehen und die anderen natürlich mit, blickten mich aber nicht an, sondern standen nur da und sahen nicht hin, warfen sich medizinische Ausdrücke zu, die ich zum Großteil nicht verstehe. Ich möchte ihnen sagen, dass ein alter Patient vor ihnen liegt, dass ich einen Namen habe und auch die lateinischen Worte gern höre. Ich mochte immer diese präzisen Worte, in denen mein Vater Mosche Horaz oder Seneca deklamierte, aber sie schauen nicht in meine Richtung, trotten dem Professor nach wie eine Herde, und auch als ich etwas sage, hören sie nicht zu, sondern notieren etwas auf dem Block, der am Bett hängt, und machen sich davon.

Ich esse. Der Urin wird problematisch, die Schwester überprüft den Katheter und sagt, es sei alles in Ordnung, der Arzt hinter ihr lächelt plötzlich und schreibt etwas auf den Block. Ich bleibe ein paar Minuten allein im Zimmer, Miranda steht auf dem Flur und unterhält sich mit einem Pfleger, und schlagartig durchzuckt mich ein starker Schmerz. Ich habe das Gefühl, etwas wühlt in mir, ich fasse mir an die rechte Seite und entdecke, dass sich ein riesiges Loch in meinem Bauch auftut, sehe die Nähte vor meinen Augen aufplatzen. Das tiefe Loch atmet, hebt und senkt sich wie ein Blasebalg, ein Teil meines Bauches strömt schon heraus, und ich sehe, dass der Bauch eine Blume ist, die in Zeitlupe erblüht, Fleischfasern und Blut ausstülpt, der Magen geht auf und ab, meine Gedärme quellen blutig heraus, und Miranda sieht es von draußen und stürmt herein, mustert den entblößten, blutenden Bauch und ruft eine Schwester. Die Schwester sieht es, greift sich mit beiden Händen an den Kopf und alarmiert einen Arzt. Der Arzt holt den Professor. Der Professor rennt den Flur entlang, bindet sich im Laufen eine Schürze um. Pfleger kommen im Laufschritt herein und drücken auf den Magen, fixieren ihn mit einer strammen Binde. Der Magen schlüpft ihnen darunter hervor, die Binde ist schon schwarz vor Blut, und die Sanitäter legen mich auf eine Fahrbahre. Die Schwester erklärt, dieser Rückschlag sei schon mehr als bloßes Pech. »Sie sind ein Pechvogel und ein Unglücksrabe«, sagt sie. Der nette Arzt Dekel, der unterwegs zu einer anderen Operation an uns vorbeikommt, fragt: »Warum konnten Sie nicht versuchen, etwas weniger originell zu sein?« Ich höre jemanden sagen, das liege alles völlig außerhalb jeder Wahrscheinlichkeit, von so was hätten sie noch nie gehört, in der Fachliteratur sei bisher kein Fall beschrieben worden, bei dem der stärkste Faden der Welt zweimal nacheinander gerissen wäre. Sie sagten, an so einem Faden könne man zehn wie mich in der Luft aufknüpfen, ohne dass er reißen würde, denn das sei deutsches Garn, stärkeres gäbe es nicht, und die Deutschen wüssten, wie man gründlich arbeite und starke Dinge herstelle und die Wahrscheinlichkeit, dass es einmal passiere, sei gleich null, von zweimal ganz zu schweigen, und sie meinten, ich würde ins Guinnessbuch der Rekorde aufgenommen. Kümmert mich einen Arsch, das Guinnessbuch. Ich bin entblößt, aufgerissen und hässlich, die Traurigkeit ist verflogen, hat nicht mehr ausgereicht, um mich auf diesem langen Weg weiterzubegleiten. Der Bauch hatte niemanden umgebracht, ein Buch der Rekorde bin ich für sie, ein aufgeplatzter Leib. Bei ihnen ereignen sich täglich Katastrophen, bei mir ist es nur eine, und sie werden schon herausfinden, was aus medizinischer Sicht hier tatsächlich passiert ist, werden es künftig wissen, aber ich werde sterben, und deshalb kann später ein anderer überleben, und danach muss wieder jemand sterben, und wohl oder übel liege ich bereits auf der Bahre und werde wieder in das riesige Schlachtinferno gefahren.

Den Anfang der dritten und letzten Operation innerhalb von zehn Tagen habe ich nicht in Erinnerung. Alles ging ruck, zuck. Ich bekam eine Spritze, noch ehe ich in der Kabine landete. Man röntgte mich. Zog den Sperrholzkeil heraus. Ich spürte es nicht. Diese Operation blieb mir so im Kopf, als sei ich in ihr gewesen, aber nicht sie in mir. Das rote und schwarze Fleisch, das ich nach einiger Zeit sah, hatte ich schon vorher gesehen. Zwei, drei Wochen später, als ich aus dem Koma erwachte, in das ich nach der Operation gefallen war, wollte ich mich selbst umarmen, mich in einen Menschen zurückverwandeln, aber da war ich wie ein Toter, dessen Leib beim Austritt aus dem Mutterschoß zur Hälfte verzehrt war, das Fleisch widerwärtig versengt, und dünner, wütender Rauch stieg von ihm auf. Der Körper mit seinen entblößten Eingeweiden wirkte schurkenhaft und überflüssig. Ich streckte lädierte und verdreckte Arme nach mir aus, doch wir schafften es nicht, einander zu berühren. Wie man mir hinterher sagte, hatte der Eingriff selbst viele Stunden gedauert. Es hieß, ich sei mitten bei der Operation kollabiert, die Wirkung der Narkosemittel habe kurz ausgesetzt und ich hätte vor Schmerz geschrien, ehe man mich wieder einschläferte und wieder operierte und wieder vernähte.

Wenn ich heute daran denke – jetzt, da alles vorüber ist und ich hinüber war und wiedergekehrt bin, ganz und gar wandelnder Tod –, weiß ich, dass ich alles vergessen habe, aber seither sehe ich manchmal nachts im Traum oder vielleicht in Gedanken meine Verwundung 1948 in Jerusalem, und eine vage Angst, die in mir erwachte, als ich jüngst im Ichilov-Krankenhaus fast gestorben wäre, kommt wieder. Dann habe ich etwas Undefinierbares vor Augen, eine Art riesigen hellen Ballon, vielleicht die Wurzel eines abgestorbenen Baumes, einen Stumpf mit feinen Wurzeln, wie Schlangen, die von unten an ihm hochkriechen, und ein Mensch, der ich bin, liegt in einem riesigen Bett in New York. Vorm Fenster fällt Schnee, vor mir steht der Tannenbaum von Mirandas Mutter Priscilla, die ein Weinglas in der Hand hält, den Kalbsbraten aufschneidet und ihn mit Soße und grünem Pfefferminzgelee serviert, und diese Szene hat sich mir eingeprägt. Ich versuche, Priscilla die Synagogenhymne »Der Herr der Welt, er hat regiert« beizubringen, und fliehe vor dem Baum, der mich verfolgt, und ich schäme mich, in diesem Mordacker zur Schau gestellt zu sein, und da sehe ich meine Mutter Sarah laufen, jung, mit feinen Gesichtszügen und schön anzusehen, und ich meine, sie läuft zum Freund-Krankenhaus, um mich zur Welt zu bringen, aber die Erinnerung täuscht, ich kam mir aus allen Erinnerungen abhanden und spürte, wie ich absackte, wollte um Hilfe rufen, brachte aber keinen Ton heraus, fiel in ein Loch und landete in einem tiefen Abgrund.

Vielleicht erinnere ich mich gar nicht, bilde es mir nur ein, aber ich weiß, dass ich in diesen Wochen an keinem realen Ort war, und eigenartig: Obwohl ich weiß, dass ich nicht da war, weiß ich, wohin ich verschwunden war. Auf Englisch ist das einfacher als im Hebräischen, *I was nowhere*, das heißt, ich war nirgendwo, und so begannen die Wochen des Komas. Man sagt mir: »Yoram, drei Wochen warst du nicht da.« Ich begreife nicht, warum ich sie nicht örtlich verankern kann, diese Momente, die mir nicht im Gedächtnis sind, nach denen ich suche, um herauszubekommen, wieso ich ohne ersichtlichen guten Grund nach drei Wochen Tod den Rückweg angetreten habe. Kaum aufgewacht, wusste ich, ich hatte das berührt, was man »das Ende« nennt. Übersetzt aus dem Englischen ist es mir verständlicher, dieses Nichts, das gewesen war. Es gibt Worte im Unterbewusstsein, mit deren Hilfe ich mir etwas vorzustellen vermag, von dessen Wesen ich keine Ahnung habe. Memento Mori, gedenke des Todes, pflegten die Mönche im Trappistenkloster Latrun zu murmeln, wenn mein Vater Mosche mich gelegentlich dorthin mitnahm, wo er sich mit dem Abt, einem Heidelberger Studienkollegen, zusammensetzte und sich über Arno Daniel unterhielt. Mein Vater Mosche zollte den Mönchen gern Respekt und kaufte ihnen natürlich Wein ab, den er nicht zu trinken gedachte.

Nach der Operation erreichte meine Temperatur himmelstürmende Höhen, so sagte man mir, und von den drei Bazillen, die als hochaggressiv bezeichnet werden, war mein Bazillus der schlimmste, ein echter Schurke. Kein Antibiotikum konnte helfen außer einem, und der Keim drang vom Bauch in die Lungen vor, die den Dienst versagten. Doktor Szold, unser Hausarzt und auch Chef der Intensivstation auf der Chirurgie II, gab nicht auf. Ein Gigant, dieser Szold. Ein begnadeter Arzt. Es war Freitagabend. Die einzige Apotheke, die offen war, hatte das Gewünschte nicht vorrätig. Die Krankenhausapotheke war geschlossen. Szold schickte – schreiend, wie es hieß – eine Schwester los, um den schlafenden Apotheker herbeizuholen. Die Schwester weckte ihn, und er kam, der Ärmste, machte auf und fand das seltene Serum. Szold spritzte es mir, und zwei Lungenentzündungen wüteten gleichzeitig in meiner Brust, ich bekam keine Luft. Man rief den Notstand aus, musste meine gesamte Muskulatur stilllegen, damit ich keinen einzigen Muskel regen konnte und völlig gelähmt war. Meine Lungen verstummten, ich musste mit Gas gepäppelt werden, und wenn ich mir jene Tage in Erinnerung zu rufen versuche, fällt mir gar nichts ein. Aber ich sah doch ... Und wenn ich sah, was dann? Vielleicht habe ich nicht gesehen? Ich weiß es nicht. Ich sah durchsichtige Ringe schwirren wie Riesenkraken, und ich erinnere mich vage an Gras, das umgekehrt wuchs, nach innen, mit den Blütenblättern in das braune Erdbeet, das ich in meinem Innern barg. Vielleicht war das alles gar nicht. Ich weiß noch, dass ich in der ersten Woche, nachdem ich aus dem Koma aufgewacht war, noch im Halbdämmern befangen, blitzartig das Empfinden hatte, mich von außen zu sehen, dass ich meinte, Yoram Kaniuk anzublicken und zu rätseln, wer und warum. Und aus dem Was, das ich nicht definieren konnte, kam mir etwas, das ich über ein Restaurant in Japan gelesen hatte. In seiner Mitte steht ein großes Aquarium, und die Gäste sitzen drum herum und essen von einem Fisch, der lebendig aufgehängt ist. Sein Körper wird nach und nach vom Koch mit einem scharfen Messer tranchiert und den Gästen serviert, die die Scheiben mit Essstäbchen verspeisen, und der lebende Kopf schaut und sieht, wie der Rumpf aufgegessen wird. So war es anscheinend irgendwie in den Tiefen meines Geistes. Trügerisch. Eigentlich lustig, denn die Grausamkeit der Menschen, die den Fisch verspeisen, während er sie anblickt, ist im Grunde meine ganze Geschichte, aber dem Fisch tat es weh und mir nicht.

Als ich erste Lebenszeichen von mir gab, versuchten sie mich aufzuwecken, und jene Tage habe ich sehr wohl in Erinnerung, denn man forderte mich auf, zu mir zu kommen, rief immer wieder: »Yoram, wach auf«, und ich hatte keinerlei Angst in mir stecken, und vielleicht erinnere ich mich deshalb daran, dass ich nicht aufwachen wollte, wirklich nicht. Ich wollte nicht aus dem Nirgendwo zurückkehren, in dem ich gewesen war, denn dort hatte ich es gut und bequem gehabt, und erst Tage später gab ich nach. Es war warm, diesig, undurchdringlich, und es war mild und gut, wie ein musizierter, oder richtiger (so empfinde ich es) frittierter Traum, aber all das änderte sich. Die Ärzte sagen, etwas in meinem Innern habe das Leben gewählt. Ich hätte trotz allem leben wollen. Wer in mir fürs Weiterleben votiert hat, weiß ich nicht. Ich lag da, von einem »Yoram, wach auf« zum nächsten seitens der Ärzte, die ankamen, um nachzusehen, was sich machen ließe. Miranda saß bei mir und schlief im Sitzen ein. So müde war sie, mein Augapfel. Es kam meine Cousine Rina, die schnell redet, um die Worte noch in der Luft aufzufangen, oder vielleicht habe ich sie nur im Geiste gesehen. Sie war meine Kindheitsfreundin, bei unserer Großmutter in der Hess-Straße. Sie hat mir wohl deshalb in den Tod reingefunkt, weil, wie im Familienkreis immer wieder erzählt wurde, ihre Mutter Sonia bei ihrer Geburt gestorben war. Mein Onkel Alex hatte Sonia wenige Tage nach ihrer Ankunft aus Russland kennengelernt und sich in sie verliebt. Sie heirateten, und sofort wurde sie schwanger. Alex war zu verliebt, um sie groß auszufragen, aber sie hatte ihm doch erzählt, dass ihre Mutter bei ihrer Geburt gestorben war, und dann brachte sie Rina zur Welt und starb ebenfalls bei der Niederkunft, und Rina, meine Kindheitsliebe, kehrte zu mir zurück. Vielleicht hatte der Tod, der vor mir lagerte, sie herbeigeholt, oder vielleicht war sie gar nicht da. Ich freute mich jedenfalls, dass sie aus ihrem Moschaw im Süden gekommen war, um mich zu besuchen, durfte aber keine Gefühle zeigen. Wenn wir als Kinder bei der Großmutter spielten, musste ich so tun, als wären wir einander fremd. Wir gingen vom Haus der Großmutter, das mittlerweile schon durch eine Wohnung hinter dem Bialik-Haus, an der Treppe, ersetzt worden war, zur Tschernichowski-Straße, um bei Whitman Eis zu essen, beide auf verschiedenen Straßenseiten, sie auf dem einen Gehsteig, ich auf dem anderen. Und nun sitzt sie aus irgendeinem Grund hier an meinem Krankenbett. Diese süße und freche Göre klaute früher bei Chefziba in der Allenby-Straße Bleistifte und Radiergummis – auch rabiates Verhalten ist eine Form des Werbens –, und sobald sie konnte, ging sie nach Galiläa in einen Kibbuz, heiratete den erstbesten Jungen, den sie kennenlernte, und wurde schwanger. Neun Monate später kam sie zur Niederkunft nach Tel Aviv. Meine Mutter und mein Onkel, die an sich nicht abergläubisch waren, saßen im Wartezimmer des Hadassa-Krankenhauses und ließen sich von der Angst unterkriegen. Ich erinnere mich an das Grauen, als mein freidenkender Onkel auf dem Boden lag und in den Teppich biss, aber Rina brachte eine Tochter zur Welt und blieb am Leben, und die Freude war groß. Mein Onkel besorgte eine Flasche Brandy, alle tranken, und Rina kehrte im November 1947 in ihren Kibbuz zurück. Doch am 1. Dezember, dem ersten Kriegstag, kam ihr Mann um, und alle wussten, dass die Gefahr gebannt war.

Und da entsteige ich dem Krankenhausbett und gehe, wie meine Mutter Sarah zu sagen pflegte, *engagé* mit Rina zum Totengarten in der Trumpeldor-Straße, um den Grabstein ihrer Mutter zu besuchen. Rina hakt mich unter und weint. Sonia war die einzige Mutter, die sie hatte, und sie weiß nichts über sie. Deshalb ist sie wohl zu mir ins Krankenhaus gekommen, um in meinem Dämmerzustand einen Vorfall anzutippen, den ich erlebt zu haben meine, und durch ihr Beisein meine Erinnerung an Sonia zu wecken. Meine geheimnisvolle Tante hat nur eine verblichene Fotografie von sich hinterlassen, und wie ein Eindringling, von dem ich nicht mehr weiß, woher ich ihn kenne, mir einmal sagte: Sonia hat uns allen Himmelspforten aufgetan, sie war die Pionierin des Aufbauwerks droben im All für die Juden, die umkommen sollten, und deshalb verkörperte sie die Befürchtung, dass es ohne Satan keinen Gott gibt, und ich entgegnete ihm, ich würde testamentarisch festlegen, dass nach meinem Tod die ganze Welt untergehen solle, aber das entspricht nicht der Wahrheit.

Heute sagen mir die Ärzte, sie seien hilflos gewesen in den zwei Wochen, in denen ich bewusstlos war. Doktor Szold, der den Ballon mit giftigem Gas aufgetrieben hatte – nichts weiter als eine Art Lachgas, das vielleicht dem Lungenkollaps entgegenzuwirken vermag –, musste mir einen Halsschnitt setzen und zwei große Öffnungen schaffen, um das Gas einzuleiten. Der Bazillus hatte sich zum Krebs gesellt, war aber nicht schuld an ihm. Laut Professor Halperin braucht der Dickdarmkrebs Jahre, um sich zu entwickeln, war wohl vor langer Zeit aus großer Liebe zu mir gekommen und hatte nur einen günstigen Augenblick abgewartet. Er sagte mir auch, der Dickdarmkrebs gelte als freundlicher Krebs – es gab kaum einen Arzt oder eine Schwester, der oder die mir das nicht erzählt hätte –, und doch betrachte man ihn auch als einen der größten Mörder unter den Krebsen, und ich erwiderte allen: »Wer kann so einen Freund wohl brauchen?« Aber später dachte ich, die Ärzte übersähen die persönliche Seite im Kampf des Krebses. Anders als der rabiate Bazillus, der mich nach dem Sieg über den Krebs beinah umgebracht hätte, greift der Krebs nicht aus Feindschaft an, er attackiert aufgrund seines Eigenwesens, wie ein Skorpion, der zustechen muss. Der Krebs ist von Natur aus gleichgültig gegenüber dem Leid seiner Opfer und hat mich zufällig gewählt, was das Leid wenigstens erleichtert, denn den Krebs kümmert es zwar nicht, ob etwas passiert und ob er mich umbringt, aber er hat nichts Persönliches gegen mich. Ich dachte mir, der Krebs verachtet das Leben aus guten und verständlichen Gründen und nimmt deshalb keine Rücksicht darauf, oder vielleicht richtiger noch: Er ernährt sich davon. Ich hatte ihm im Weg gestanden, als er vorbeikam, und da musste er in mich eindringen, als Stabilisator der Bevölkerung, die zu schnell wächst.

Im Krieg habe ich auch geschossen, ohne zu sehen, auf wen. Habe getötet, ohne zu wissen, wen, und niemals habe ich nach den Familien der von mir Getöteten gesucht. Als hätten sie das Leid verdient, das sie wegen meiner Schüsse auf ihre Angehörigen durchmachten. Bei einem Schriftstellerkongress über mediterrane Kultur in Venedig traf ich mal einen Libanesen palästinensischer Abstammung, der mir Sympathie entgegenbrachte. Als wir lachend zwischen den fetten Tauben spazieren gingen, erzählte ich ihm von Stendhals Bericht über zwei junge Frauen, die an einem zauberhaften Frühlingstag auf dem Markusplatz saßen, Limonade tranken und glücklich aussahen, worauf die eine zur anderen sagte: »Wie schade, dass das keine Sünde ist!« Er lachte. Danach behauptete er, ich hätte im Krieg seinen Onkel getötet, im Dorf Saris bei Jerusalem. Ich erwiderte ihm, mir sei von dem betreffenden Gefecht nicht mehr viel in Erinnerung, aber in Saris hätte ich eine Davidka abgefeuert, die Ladehemmung hatte, und vielleicht habe er dort wirklich einen Onkel gehabt, und er erklärte mit bitterem Lachen, sein Onkel habe ihm ausdrücklich gesagt, dass er mich in Saris gesehen habe und sich erinnere, wie ich das Gewehr reinigte, mit dem ich geschossen hatte, und ich gab zurück, es habe kein Gewehr gegeben, worauf er auf einmal lieb und nett tat und mir den Tod seines Onkels vergab. Ich sagte, wenn sein Onkel wirklich gestorben wäre, hätte er nicht sehen können, wer ihn tötete, und es könnte nicht angehen, dass er sich an mich erinnerte, und da wachte ich kurz auf und lag immer noch auf der Intensivstation, Ichilov, Chirurgie II, und nichts mit Venedig und nichts mit Saris.

Die Rückkehr vom Tod war vielleicht die eindringlichste Erfahrung, die ich je gemacht habe. Schade, dass mir all das so spät im Leben passiert ist. Wie bei einem Déjà-vu erinnere ich mich an die Agonie, die mir abhandenkam, an die Leere, in die ich zurückkehrte, an die starke Sehnsucht nach dem schwarzen Loch, in dem ich drei Wochen lang gewesen war, und ich wusste, es war ein Fehlschlag. Eines Tages, vielleicht eine Woche nachdem ich zurückzukehren begann, nun schon einige Leute erkannte, die kamen, um mich siechen zu sehen, begriff ich, dass ich einen Körper habe, und glitt, wenn auch nicht direkt in eine Phantasie, so doch in einen Dämmerzustand unerklärlicher Ursache. Ich erinnere mich an Hohlräume vor mir. An Luftblasen. Irgendwelche Regungen. Menschen, die wie Luftblasen aussahen, oder durchsichtige Spinnen in Bewegung. Dann und wann lächelte ich, denn meine Gesichtsmuskeln spielten unkontrolliert, wie bei Säuglingen, die Bauchweh haben. Aber in Wahrheit sah ich nicht wirklich, wollte nur, dass Miranda bei mir blieb, und beim Phantasieren lachte ich im Geiste, denn mir fiel meine Zeit beim »Davar« ein, wo alle den dienstältesten Redakteur D. Sakai fürchteten. Er fixierte einen mit dem schelmischen Blick eines großen, freundlichen Alten und avancierte wegen seiner Langlebigkeit zum nationalen Trauerredner, erst seiner Generation, dann der nächsten und der übernächsten, und schließlich blieb er allein auf weiter Flur, wollte Nachrufe halten, hatte aber keine Kandidaten mehr. Genau da begann ich für diese Zeitung zu schreiben, und als er mich entdeckte und anfing, Fragen zu stellen, sah ich, dass alle Redakteure sich hinter den Türrahmen versteckten.

Man sagte mir, viele Tage lang hätten Menschen gemeint, bei meinem Leichnam zu stehen, und geweint. Es hieß, die Telefonzentrale des Krankenhauses sei von Journalisten belagert gewesen. Das Nichts, in dem ich mich befand, war ein Abgrund, ein Schoß, aus dem ich zur Welt kam, versengt, die Hälfte meines Fleisches abgestorben, und ich hasste mich. Ich erinnerte meinen Geburtsort als kontaminierten Abgrund. »Das Ende ist das Rätsel, der Anfang ist die Lösung«, schreibt Aharon Abraham Kabak in seiner Romantrilogie »Salomo Molcho«, und wie alle stamme ich ja aus dem Nirgendwo, habe sogar meine Erinnerung gesucht, wie Yeats die Erinnerung seit der Erschaffung der Welt suchte, habe sie aber nicht gefunden. Ich fand eine dämmrige Höhle. Ich erinnere eine Art Nichts. Keinen Tunnel. Keine blinkenden Lichter. Nichts mit all dem Mist von wegen »das ganze Leben zieht an dir vorüber«, nix mitnichten. Ich hörte wieder und wieder »Yoram, wach auf«, und vielleicht habe ich geweint, vielleicht auch nicht. Das Koma stand unter der Kontrolle der Ärzte, die nicht wollten, dass ich mich an die Leiden erinnerte, nicht wollten, dass ich litt, und jetzt versuche ich zu begreifen, was nach den Wochen des Komas geschehen ist, weiß noch sehr gut, wie ich mich regelrecht versteifte, darum kämpfte, nicht aufzuwachen. Ich versteckte mich hinter einem imaginären Netz, sah die Menschen stehen, als wären sie einzelne Menschenglieder. Ich sah ihre Tränen funkeln, sah aber nicht die Weinenden. Ein Nebel hing vor meinen Augen, ich erkannte die Gesichter von Menschen, die in einem weißen Strahlenkranz standen, und dahinter weitere Menschen, die ich nicht identifizieren konnte, und dauernd sagten sie zu mir: »Yoram, wach auf, Yoram, wach auf.«

Und ich sehe einen Pfleger, von dem ich weiß, dass er Araber ist, aber nicht weiß, wieso ich das weiß, und ich weiß, dass er Machmid heißt. Er sitzt an einem Tisch und klebt Busfahrscheine in ein Fotoalbum, arbeitet sehr konzentriert, und ich denke, wer ist das. Er hat wohl den Auftrag, etwa alle zehn Minuten zu sagen: »Yoram, wach auf«, und ich liege in dem merkwürdigen Bett, das wie ein Sarg aussieht, und kann mich nicht regen. Die Bewegungen ringsum ähneln Zeichnungen von Goya. Den durchsichtigen Menschen von Goya. Ich sehe die Umrisse derer, die vor mir stehen, und bin selbst wie eine Radierung von Goya. Miranda und Naomi und meine Schwester Mira spüre ich mehr, als dass ich sie sehe, aber sie sind wie Schwebende. Wabern, ohne zu existieren. Wenn ich Mirandas Hand sehe, sehe ich ihren Kopf nicht mehr. Miranda und Naomi sind noch Geister, und vielleicht, ganz vielleicht, dachte ich wohl, suchen sie eine Realität, in die sie eintreten könnten, aber ich möchte bleiben, wo ich bin, ohne Fesseln. Man hindert mich, den tiefen und höchst vagen Schlaf zu schlafen, der irgendwie Glück ist. Ich bin benommen, unfähig, ein Glied zu rühren. Kann nicht sprechen. Und will auf gar keinen Fall aufwachen. Etwas geschieht mir, ich bin sogar froh, dass man bald aufhören wird, mir auf den Geist zu gehen, und mich ewig schlafen lassen wird.

Schwestern kommen, tun mitfühlend, ziehen mich hoch, um es mir bequemer zu machen, und ich Trottel möchte ihnen glauben. Sie entführen mich Miranda, die will, dass ich dableibe, aber sie spotten ihrer und bringen mich auf den Arison Medical Tower, mit dem riesigen Suppenteller, der als Hubschrauberlandeplatz dient. Ich sehe von dort meinen Meeresstrand, den Strand, der mich meine ganze Kindheit hindurch kannte, den Strand von Fräulein Lichtmann, sie ruhe in Frieden, mit sprießenden Barthaaren, weil ihr die Rasierklingen ausgingen, und in der Ferne sieht man Kinder, in Badehosen und in Pelze gehüllt, kreischend aus dem Wasser rennen, und gleichzeitig befinde ich mich an einem anderen Strand, am Strand von Herzlia-Pituach, wo Gott wohnen würde, so er Geld hätte, und bei mir ist meine Tochter Naomi, und wir lachen beide über drei junge Frauen in glitzernden Badeanzügen mit Handys an den Ohren, die reden und reden, und ich befinde mich auf dem Dach des Arison-Gebäudes, das zum Ichilov-Krankenhaus gehört, und dort steht ein großer Hochzeitsbaldachin.

Man legt mich auf den durchhängenden Baldachin, und ich flehe, mich herunterzunehmen, aber vergeblich. Der Baldachin ruht auf vier Stäben, die von vier Sanitätern gehalten werden, einer von ihnen ist ein Äthiopier, der das Dunkel verstärkt, alles traumklar, und die Kälte beißt. Die Schwestern stehen an meinem Kopfende, ohne in meine Richtung zu schauen. Ich bin nackt und bloß. Und ich denke mir, wieso »bloß«, was heißt das genau? Warum auf dem Dach eines Hochzeitsbaldachins? Ich fiebere vor Hitze und zittere und frage, was »bloß« bedeutet und ob nackt gleich bloß ist und warum das hebräische Wort für »bloß« in dem für »Samenerguss« anklingt. Und eine jemenitische Schwester, die ich schon vor Jahren im Moraschа-Krankenhaus kennengelernt habe, sagt zu mir: »Hör mal, Junge, du bist der Erguss deiner Mama«, und prustet los. Die Hitze nimmt zu, und ich hänge noch an einem riesigen Fieberthermometer, das höher und höher klettert, wie das Plastikding, das mir manchmal im Hintern steckt, und ich rufe, dass mir kalt ist, dass ich erfriere, dass der kalte Wind mich peitscht, und ich frage, warum man mich nicht ins Bett legt, mich nicht mit einer warmen Daunendecke zudeckt, mir keine fiebersenkenden Tabletten gibt. Und eine der Schwestern erklärt – oder vielleicht war das später, und ich verbinde die Erinnerung mit einem anderen Tag –, dass eine Erkältung nicht von Hitze oder Kälte abhänge, dass man Patienten mit kaltem, möglichst sogar eiskaltem Wasser übergießen müsse, und wie bei einem archaischen Exorzismusritual gießen sie Krüge kalten Wassers über mir aus, und ich siede und friere, und eine Schwester sagt zu mir: »Wenn man erkältet ist, soll man den Körper mit kaltem Wasser abspülen, nur in Ammenmärchen muss man unterm Federbett liegen, heißen Tee trinken und schwitzen.«

Über mir erstreckt sich ein schwarzer Himmel, der aussieht wie der Ort, an dem ich bin, ohne zu wissen, was er ist. Ich bin nicht mehr auf dem Dach. Ich weiß nicht, wie ich heruntergekommen bin. Mir ist nicht mehr kalt. Ich liege im Bett, und die Menschen an meiner Seite sind immer noch verschwommen. Nun sitzen sie in einem großen und widerlichen Loch – und heute weiß ich nicht, warum gerade widerlich. Das Loch sieht aus, als sei es hinter einem dichten Vorhang von Rauch, der gefroren ist, und sie beugen sich und beschreiben gemeinsam weite, rhythmische Schwünge, die sie niederdrücken, schwanken im Sitzen hin und her wie ein Mann, beschattet vom frostigen Rauch. Sie haben keine Gesichter und wiegen sich, schwanken, wie meine Mutter Sarah es nannte, »wie Ähren im Wind«. Darunter ist eine Frau, die mir bekannt vorkommt. Wie kann es angehen, dass ich sie nicht wirklich kenne, aber weiß, dass sie Edith Nachman heißt? Der Name ist mir haftengeblieben. Wie ein eingeschlagener Nagel. Ich wollte ihn herausziehen. Ich schämte mich, dass sie da war. Ich schuldete ihr etwas. Sie war mir böse und eigens anlässlich meines Todes angereist, dachte sicher, was für eine Zeitverschwendung: Ich bin gekommen, um mich zu vergewissern, und nun ist dieser Gauner gar nicht gestorben, hat auf mich gewartet und ist wiedergekommen, hat nicht mal eine schöne Beerdigung gehabt. Sie weint und wiegt sich hin und her, zwinkert mir aber auch verschmitzt zu, und ich blicke sie an. »Vielleicht bin ich's gar nicht?«, frage ich. »Sag mal, Edith, warum überhaupt von Beerdigungen nach Hause zurückkehren? Man nimmt uns haufenweise, einen nach dem anderen. Eine ganze Generation, kein Tag vergeht, ohne dass einer von uns das Zeitliche segnet. Warum also dauernd von einer Beerdigung zur anderen fahren? Warum jedes Mal, wenn einer von uns stirbt, befürchten, es könnte regnen oder glutheiß sein? Vielleicht sollten wir am Tor des Totengartens warten, dort ein Haus errichten für alle, die bleiben möchten, mit Betten, Dusche und WC, sogar einer Badewanne, ein Haus mit Fenstern, kleiner Küche, Telefon und Fernseher, einfach dort wohnen und nicht mehr heimfahren mit Autos, in Staus, mit Gehupe, auf der Straße, mit Verkehrspolizei, mit Krähengeschrei.

Warum ist es mir dermaßen wichtig, zu verstehen und dorthin zurückzukehren, aus irrigem oder nicht irrigem Verständnis und ohne die Fähigkeit, Dinge beim Namen zu nennen, sie vielmehr nur als konkretes Traumbild zu kennen? Warum will ich unbedingt begreifen, wo ich war, als ich nicht da war? Ich sah die Leuchte über mir, lag auf dem Rücken und schwitzte. In der Nachbarkabine weinte jemand bitterlich. Flehte darum, zu leben. Miranda war gerade nicht da, Naomi und Mira auch nicht, und ich sah eine Schwester sich über eine Fahrbahre beugen, die unweit von mir stand, wahrscheinlich würde man sie gleich in eine der Kabinen rollen. Das Licht wurde stärker. Wogen von Licht kamen und gingen, und ich sah mich von oben und von unten. Die Wand vor mir wurde trocken und versengt, und ich hörte Stimmen: »Yoram, wach auf, Yoram, wach auf«, und jemand – ich sah nicht, wer es war – gab mir eine Spritze. Die Welt konzentrierte sich auf die Zimmerdecke, die im Lichtstrom zerrann, und die Wand vor mir verschwamm gleich mit. Es gab Momente, in denen ich wusste, wo ich war, und es gab viele Augenblicke oder vielleicht viele Stunden, in denen ich es nicht wusste. Ich empfand Stumpfsinn, hatte keine Ahnung, was vor sich ging. Ich versuche, eine Vorstellung von mir selbst zu bekommen, bin schon halb wach, liege da wie eine riesige, aufgedunsene Sardine, die Schreie des Nachbarn hinter dem Trennvorhang löschen in mir den Tagtraum, und ich wache auf und sehe den blitzenden Laserstrahl eines Monitors auf dem Silberohrring der Schwester, die am Schwesterntisch sitzt und ein Buch liest.

Sie war mir Vermeers Mädchen mit dem Perlenohrring. Etwas an dem geheimnisvollen Lichtzauber des Malers, den noch keiner entschlüsselt hat, ein Fünkchen Hoffnung berührte mich, und auf einmal sagte jemand in meinem Innern: »Wenn es so einen Ohrring gibt, hat das Leben vielleicht einen Sinn, nach allem, was ich durchgemacht habe.« Die Schwester legte das Buch kurz nieder, sie spürte meinen flehenden Blick und kam zu mir, legte mir eine Bluttransfusion am Arm, und gleichzeitig fühlte ich ein Jucken in der Schulter. Ich versuchte, den Kopf zu bewegen, hörte ein Geräusch, meine Augen bewegten sich unter den Lidern, bis sie die Nasenspitze erwischten, und darüber hinweg ergatterte ich ein Stück des Gesichts der schönsten aller Ärzte, Doktor Dayan. Sie lehnte an meinem Bett, lächelte vielleicht sogar, als unsere Augen sich trafen, arbeitete jedoch höchst konzentriert weiter und beschrieb mit dem Skalpell, mit dem sie mich aufgeschnitten hatte, wie mir schien, eine Art Kreis. Ich sah das Messer im zarten Abglanz eines der Monitore. Sah eine schöne Frau, eine Meisterin ihres Fachs, mich ermorden, und all das wirkte, als würde es mir jemand erzählen, und es war mir angenehm. Wer weiß, warum. Sie bohrte mir ein neues Loch, um mir weiteren Sauerstoff zuzuführen, und ich sah, oder spürte vielleicht, dass sie einen Kreis in die Mulde an meinem Schlüsselbein zeichnete, und das ist doch die Champagnermulde, die Mulde, in die kühne Frauen im Algenqueen Hotel in New York etwas Sekt träufelten, damit ein leidenschaftlicher Mann sie beherzt ausleckte. Hier gibt es keinen Champagner. Nur eine aufgerissene, blutende Mulde, umweht vom Hauch eines verfaulenden Körpers.

Ich meine, der Tod hat etwas Positives, fast Optimistisches an sich, denn er ist der Messias, der zu kommen zögert. Anscheinend hätte ich so früh wie möglich sterben sollen, um nicht die Luft zu atmen, die meinen Enkelkindern gebühren würde, aber ich halte ja immer Hunde und habe keine Enkel, und selbst kann ich keine Enkelkinder produzieren. Und der Krebs existiert doch universal. Man sagt mir: »Yoram, du warst tot.« Aber das ist nicht der, der ich bis dahin war. Das Leben ist ja subjektiv, nur der Tod ist objektiv. Der Krebs fand es gut und schön, in mir zu sein. Er hat eine Siedlung in meinem Innern gegründet. Wenn Gott der Schöpfer ist, hat er doch längst eingesehen, was er verbrochen hat, und sicher gesagt: »Nie wieder.« Wenn nicht so viele an ihn glauben würden, würde man die Leichen schließlich gleich ins Meer werfen, ohne Trauerzüge, ohne Beerdigung, ohne dem Staat Land für Knochen wegzunehmen, und der Tod würde nicht als Unglück aufgefasst, sondern als Atembedürfnis der Natur. Es ist töricht, gute Erde für Tote zu vergeuden, die verwesen und von Ameisen aufgefressen werden, die dann dick und fett durch die Zlatopolsky-Straße ziehen, um einem, der Krebs gehabt hat, ein Todeswunder zu bringen. Wie ich aus erster Hand weiß, hätte Gott, so er existierte, sich nicht selbst erschaffen.

In den Wochen, in denen ich nicht hier auf eurer Welt war, bekam Miranda von den Ärzten zu hören, ich sei verloren, aber weder glaubte sie es, noch glaubte sie es nicht. Sie ließ mich nicht gehen. Mein Freund Jay sagte später, ich sei nicht nur mit einem Bein draußen gewesen, auch nicht mit beiden, sondern ganz und gar, und wer nicht gerade Lazarus sei, der käme nicht zurück. Jay stand während des Komas vor mir, die Monitore bezeugten ihm wissenschaftlich einwandfrei meinen Tod, und er wusste, das ist es, und weinte, dieser Mann, der sein Leben lang eine Agonie nach der anderen sieht. Er dachte, dass er mich nicht mehr lebend sehen würde, und sagte zu Naomi, von nun an könnten mir nur noch Gebete helfen. Auch die Ärzte bestätigen heute, dass es Miranda war, die mich gerettet hat, und ich hätte sie gern gefragt, warum hast du mich gerettet, schöne Frau? Aber Miranda hat sich nie mit der metaphysischen Frage beschäftigt, ob sie an ihren Gott glaubt. Ihr Glaube ist tief religiös. Sie ist nirgends hingegangen und hat nur gegessen, was man ihr aufdrängte. Sie überlegte nicht, ob ich leben oder sterben würde, sie sah mich ans Beatmungsgerät und an Schläuche und Infusionen angeschlossen und musste mich am Gehen hindern.

Die Legenden im Krankenhaus erzählen, dass ihre Augen schön und rot waren. Es hieß, ihre Tränen hätten einem farbigen Strahlenkranz geglichen, ganz fein und zart. Es hieß, sie sei beharrlich geblieben. Es hieß, sie habe nicht hörbar geweint. Man habe noch keinen Engel wie sie gesehen. Es hieß, man sei nie einer solch wunderbaren Herrin ansichtig geworden. Ich kenne ihr tonloses Weinen. Nach sechsundvierzig Jahren mit mir hätte sie wissen können, dass mein Abgang aus der Welt kein so großer Verlust gewesen wäre.

Letzten Endes war ich in der medizinischen Statistik eine Art Erfolgsgeschichte, denn ich gehörte zu dem geringen Prozentsatz der nur vermeintlichen Fehlschläge, und gerade der hervorragende Chirurg sagte mir sehr viel später, nicht er habe mich gerettet, sondern Miranda, und fügte hinzu, dass ich auch selbst gekämpft hätte, aber wer ist dieser Ich, der damals angeblich kämpfte? Ich schrammte am Tod vorbei und kam unversehrt davon. Meine liebe Miranda überhäufte mich mit Liebe und Fürsorge, nannte mich »Darling« – ich kenne nicht viele Menschen, die »Darling« genannt werden – und kämpfte wochenlang mit zauberhafter und natürlich echter Beharrlichkeit, wie sie es im Krankenhaus bezeichneten, worauf sie hinzufügten, so was hätten sie noch nie gesehen. Aber was hat sie getan? Sie hat mir Geschichten erzählt. Ohne Pause. Und ich habe es nicht gehört. Sie sang mir Lieder, obwohl sie nur zwei kennt: »Blue Moon« und das zweite Lied, das nicht »Blue Moon« ist. Die Amerikaner sagen, wer es nicht schafft, sich mit einer Rasierklinge umzubringen, dem wird nichts mehr gelingen, und das gilt auch für den, der auf geordnete Weise angefangen hat zu sterben, nach allen Regeln, so wie ich, und dann plötzlich dieses »Yoram, wach auf!«.

Ein Unbekannter, der zuvor geweint und gejammert hat, liegt in der Kabine neben mir. Schon seit einer Woche kehre ich ins Leben zurück. Dort war Watte, hier ist Leid. Ich weiß irgendwie, dass mein Nachbar beinah tot ist und hofft, ich möge an seiner Stelle sterben. Ich weiß es, weil er den Menschen, die ihn anscheinend besuchen, zuruft: »Nimm den Alten dort, nimm den Ehemann der großen Angelsächsin.«

Stille trat ein. Ich lag in mich gekehrt, sah vor mir den Vorhang zwischen uns, hinter dem der Mann verborgen lag, und der Vorhang wurde schwach von einer fernen Lampe beleuchtet. Der Mann brach mitten im Schrei ab. Er schrie: »Warum? Warum ich?«, und verstummte. Gleich darauf hörte man Menschen tuscheln, die anscheinend die Kabine verließen und wieder zurückkamen. Eine Frau weinte, vermutlich eine junge. Eine Schwester führte jemanden, ich hörte sie miteinander reden, dann wurde alles still. Es war erschreckend, so ganz allein mit dem Geschrei dieses Mannes, der wohl ziemlich jung war. Auf dem Trennvorhang zwischen uns glitt eine Art Petroleumlampe ohne Glasstrumpf vorbei. Sie kroch nach und nach über den erleuchteten Stoff, und ich war ziemlich verstört. Es war völlig still, und ich konnte nicht mal die Hand bewegen, um den Notfallknopf zu drücken. Ich hielt die glaslose Petroleumlampe für ein medizinisches Gerät. Sie kroch durch die Stille, und ich lag hypnotisiert daneben. Sie war ein schmerzliches Geheimnis. Hatte eine ruhige, konzentrierte, bedrohliche Kraft. Dadurch spürte ich den Tod des Mannes in der Nachbarkabine zu mir schleichen.

Ich hörte, wie er, wer immer er auch sein mochte, schon zu sterben begann, als er noch von leise redenden Menschen umgeben war. Ich finde es eigenartig, dass man seine Schreie nicht hörte, als er flehte, er wolle leben, dass man nicht hörte, wie er Gott weinend bat, mich an seiner Stelle zu nehmen. In diesem Moment waren seine Leute nicht da. Nur ich. Ich hörte sie draußen an der Tür über den Krankenhausfraß lästern, hörte sie sagen, das sei kein Essen, nachdem man Sehnsucht bekäme, und ich hatte noch gar nicht verinnerlicht, dass ich erst vor kurzem aus der sogenannten Unterwelt zurückgekehrt war, dass ich als Einziger aus diesem stummen Bereich der Toten und nicht Wiederkehrenden wusste, wohin dieser sterbende junge Mann gehen würde, was ihn dort erwartete und dass es gar nicht so schlimm war. Ich hätte ihm gern gesagt: »Freund, du wirst nichts spüren, schließ die Augen, es ist bloß unendlich, umarme dich, wenn du überhaupt Arme hast, und lächle, wenn du deine Lippen bewegen kannst, denn es hilft alles nichts, versinke in süßen Schlaf, der großzügige Tod wird dich streicheln und sanft in das schwarze Loch bringen, das dir, wie uns allen, bestimmt ist.«

Es wurde hart, der Petroleumlampe hinter der Stoffbahn zuzuschauen, als die Besucher des Mannes gegangen waren. Die Lampe bewegte sich langsam. Die Furcht packte mich an der Gurgel, und das nicht wegen des Todes, sondern weil ich in einer nie gekannten Einsamkeit gefangen war. Vielleicht geriet ich in Panik, weil ich mit der Petroleumlampe allein war und zum ersten Mal erfasste, wie einsam ich bin. Ich wartete. Muss wohl gezittert haben. Ich weiß noch, dass ich im Geiste das Lied »Es ist nicht Tag und nicht Nacht« hörte und gebannt und behindert auf die blaue Petroleumlampe über mir starrte, hinter der immer noch der junge Mann im Sterben lag, und dass ich vor mich hin summte: »Nicht Tag und nicht Nacht, nicht schön und nicht hässlich, nicht Gott, sondern ein gefallener Engel, der in der Seele ein Gott ist.« Ein paar Stunden vergingen. Oder so schätze ich. Ich bin sicher, dass die Zeit verging, denn die Petroleumlampe änderte ihre Farbe mit den Lichtverhältnissen, aber nichts änderte sich wirklich. Ich muss wohl eingeschlafen sein, einige Zeit später wachte ich auf. Das Zimmer der Intensivstation war jetzt heller, feines Außenlicht drang in unsere Kabinen. Die Petroleumlampe hing noch vor mir. Sie war abgedämpft worden und wirkte anders in dem schwachen Licht, das durch die Fenster fiel. Und dann kroch die Petroleumlampe langsam nach oben. Das war trübsinnig und wehmutsvoll. Sie bewegte sich pausenlos, wurde nun golden, wirkte vielleicht eher wie ein gelber Fleck, das heißt wie ein gelber Stern, und sie regte sich, und ich dachte, sie spotte meiner. Heute denke ich, ich hätte gemeint, sie rede mit mir. Schließlich erreichte sie das Kopfende der Kabine, fiel wohl auf die andere, verborgene Seite, und genau da kam eine Schwester, um mich zu behandeln. Sie fragte, warum ich zitterte. Ich versuchte es zu erklären, konnte ja aber nicht sprechen.

Ein Tag verging. Naomi kam, wunderhübsch, wirkte traurig, versonnen und ernst, und ich sann über den Namenlosen hinter dem Vorhang nach. Ich wollte unbedingt sicherstellen, dass ein gewisser, bestimmter Mensch dort lag, nicht nur ein Zauberer mit einer Wunderlampe, kein X-Beliebiger, nicht irgendein »Mann«, sondern jemand, der einen Namen hatte und mir um des Lebens willen den

Tod wünschte, und deshalb musste ich wissen, wer er war. Eigentlich war er auch ein Feind, denn ich hatte ja gehört, wie er mir in seinen Gebeten nach dem Leben trachtete, seinen Gott bat, mein Leben statt seines zu nehmen, obwohl er nicht wusste, dass es mir mittlerweile egal war: Was denn, ein Tod mehr oder weniger, was machte das aus, selbst wenn er schon tot war, selbst wenn man seine Leiche, während ich schlief, schon abgeholt hatte, selbst wenn die Petroleumlampe dazu dienen sollte, ihn wegzubringen oder seinen Schatten zu treffen oder seinen Nachhall zu berühren. Und dann dachte ich, der Rabbiner, der mich nach Kirjat Schaul geschickt hatte, um das Grab meines Krebses zu suchen, derjenige, der sogar lachen konnte, der sollte lieber den dummen Rabbiner hier ablösen, der hin und wieder an mir vorbeikommt, aber Angst vor mir hat, Angst, mich zu sehen, dem Tod ins Auge zu schauen, denn ich kehre ja von dem Ort zurück, gegen den er anbetet. Er gehört zum Krankenhaus, hilft denen, die nicht wiederkehren, küsst Mesusot und bekleckert sich seine Schaufäden mit der Suppe, die er mit zittrigen Händen im Plastikbecher herumträgt. Er schlürft diese kalte Suppe unter lauten Rülpsern, läuft hier tatenlos durch die Gegend, isst sein Brot umsonst und wird von Stunde zu Stunde dicker, doch der Mann, der wirklich Beistand brauchte, hat hier einsam hinter dem Vorhang gelegen, hatte keinen Rabbiner oder sonst wen, der ihm geholfen hätte, mich seinetwegen umzubringen, auf dass er gerettet wäre.

Da fällt mir Sarah Aaronsohn ein, keine Ahnung, woher sie plötzlich in meine Kabine gekommen ist. Früher wusste ich viel über sie, habe ihr Leben und das ihrer Mitspione studiert, erinnerte mich sogar im Fiebertaumel daran, dass sie, unter türkischer Folter, ihrem ebenfalls gefolterten Vater zugerufen hatte: »Sei ruhig, du bist alt, hast lange genug gelebt.« Ich nehme an, so ich was annehmen kann, dass mein Nachbar mich nicht persönlich gemeint hat. Und trotzdem, sagte ich mir kurz im Herzen, als solle er es hören, ich sei bereit, wenn ihn das wirklich beruhigen würde. Unterdessen sah ich die hünenhaften Sanitäter eine Bahre in die Kabine des jungen Mannes schieben, der, wie ich wusste, aber vergessen hatte, bereits gestorben war. Stille breitete sich aus. Die Schwester, die mich behandelte, strich mir eine Haarsträhne aus der Stirn und ging. Eine andere Schwester passierte mein Bett und trat hinter den Vorhang, und ein paar Minuten später sah ich die Sanitäter mit der Bahre herauskommen, die vorher leer gewesen war, während sie nun, da bin ich sicher, den bedauernswerten Mann transportierte.

Ich entdeckte den glänzenden Ohrring der schönen russischen Schwester, sah, dass sie ihr Buch aufgeschlagen hatte und der Ohrring mir noch entgegenfunkelte, und sie, oder eine andere, säuberte mir das Gesicht. Ich spürte die Tränen des toten jungen Mannes über meine Wangen rinnen, und ehe ich einschlief, dachte ich mit aller Macht an diesen Burschen, beschämt zu erkennen, wie sehr der Mensch doch leben möchte. Ich fühlte mich ihm in der Seele verbunden und erinnere mich, dass ich in einem bestimmten Moment, im Schein dessen, was ich für eine Petroleumlampe ohne Glasstrumpf hielt, im Geiste die Hand auf den Bauch, an den Nabel legte und in der Phantasie einen Knopf drehte, der mir wie eine Fahrradklingel aussah, dass ich diesen Knopf drehte, als sei er es, der zwischen mir und meinem Ende scheide. Eine Knopfdrehung. Mir kam die tiefe Erkenntnis, geboren aus dem Rauch, der meinen Kopf erfüllte, dass ich die Welt verlassen kann, wann und wie ich will. Es wird keine Überraschungen mehr geben, Rasierklingen werden mich nicht trügen, Ärzte mir nicht in den Innereien wühlen.

Ich weiß nicht, wie viel Zeit verging. Am Morgen kam der Pfleger vom Dienst und steckte mir ein Fieberthermometer in den Mund, überprüfte die Monitore, maß den Blutdruck. Wenn ich mich einen Millimeter bewege, kreischt das Beatmungsgerät. Der Pfleger überprüfte die Klemme an meinem Finger, diese verhasste Klemme zeigt den Sauerstoffgehalt des Blutes an, und ich hatte gar nicht gewusst, dass es einen Sauerstoffmesser gibt. Mich überfluteten immer noch Erinnerungen an den namenlosen Nachbarn und geordnete Reminiszenzen wie die Stufen seiner Leidensschreie. Dann sann ich über die Schönheit des Ohrrings der Schwester nach und erfasste, dass etwas – heute weiß ich nicht genau, was es war – mir nach all dieser unbemessenen Zeit erstmals Freude brachte, Freude, dass ich das Spiel mitmachen kann und dass die Leere, die ich in mir spüre, einen Namen hat. Und ich dachte, die Augen auf den Ohrring gerichtet, dass er Freude bereitete: Wo ein Ohrring ist, ist Hoffnung.

Die traurige und einsame Zeit verfloss. Sanitäter, die ich bisher nicht gesehen hatte, rollten eine neue Bahre in die Nachbarkabine, mit einer neuen Frau, die sie ins Bett des toten jungen Mannes legen wollten. Über den trennenden Stoff zwischen ihrer und meiner Kabine kriecht wieder eine glaslose Petroleumlampe, und wegen der glänzenden Lichter, die von den Monitoren ausstrahlen und umherwandern, versucht sie vergeblich, mich zu bedrohen. Das

Beatmungsgerät singt und schnattert wie eine Gans, sobald ich nur einen Mucks mache, und die neue Frau, die den toten jungen Mann abgelöst hat, schreit plötzlich auch. Einige Zeit, einen Tag oder vielleicht eine Woche später, scheint mir, auch sie liegt im Sterben, wird aber vielleicht erst am nächsten Tag oder nach einigen Tagen verscheiden. In dieser Todesfabrik herrscht trügerische Stille. Es ist eigenartig, etwas so Banalem zuzusehen und wie in einer existenziellen Telenovela zu wissen, wie nahe Leben und Tod beieinanderliegen, wie enttäuschend überflüssig dieser ganze Unfug mit der Ernsthaftigkeit ist. Einen Moment lebst du, im nächsten bist du tot, und womöglich hat man die tote Frau überhaupt aus der Kabine geholt, während ich schlief, und nun ist es leer dort, aber irgendwie bin ich sicher, dass ihre Leiche noch da ist, vielleicht liegt sie tot auf der Bahre, vielleicht ist niemand bei ihr, und wenn sie tot ist, wartet sie ja jetzt auf die Sanitäter, die sie abholen sollen. Sanitäter sind im Krankenhaus am schwierigsten herbeizukriegen. Schwestern kommen. Ärzte. Aber was Sanitäter anbelangt – da kommt der Messias schneller als sie, und dabei bestimmen sie unseren Ein- und Ausgang.

Schwester Daria, die mich mochte, kam, um eine Thoraxdrainage bei mir vorzunehmen. Sie legte den Tubus frei, nahm den Verschluss ab und sagte mir, ich sei nett, hätte aber keine andere Wahl, als durchs Fenster zu flüchten – so sagte sie, und vielleicht klingt das auf Russisch besser. Daria sagte, ich würde phantasieren, und solche Phantasien unter dem Einfluss starker Medikamente, mit denen ich vollgestopft war, hätten nichts mit Träumen zu tun, es handle sich um absolute, aber irrige Realität, und es werde einige Zeit dauern und ich solle nicht erschrecken.

Das Denken ging langsam und niedrig dosiert vor sich. Sogar die Worte flossen langsam in meinem Hirn. Ich brauchte Zeit, um ein bestimmtes Wort im Gehirn zu finden und es zu behalten. Ich war einziger, passiver Zuschauer in dem Theater, in dem meine Besucher auftraten. Heute ist schwer zu sagen, wie lange das Koma andauerte und wann die Erholung einsetzte, und meine Mutter Sarah hätte gewiss erklärt: »Es hat alles zwei Seiten.« Man sagte mir, es sei ein Mann da gewesen, um für mich zu beten, man habe nicht gewusst, wer er war, und jemand sagte, es sei der Prophet Elia gewesen, worauf ich dachte, nicht dieser Serienmörder, bloß das nicht, nicht der, der den Mord im Namen Gottes erfunden hat, und vielleicht war es eine Phantasie.

Ich blicke geradeaus. Sehe einen durchscheinenden Vorhang. Hinter dem Vorhang hängen Gardinen, und dahinter hängen Tränen, und dann sieht man die Menschen rings um die Tränen stehen. Ich war gelassen und ärgerlich, ruhige Beharrlichkeit überkam mich, ich schlief wieder ein oder nicht, wie soll man das wissen, und es tat mir leid um das begabte Mädchen, mit dem ich plötzlich zusammensaß. Sie hatte ausgesehen wie Menschenbrei, zerstückelt und in fünf Schuhschachteln verpackt, und hängt jetzt an einer Zimmerwand im Haus eines christlichen Ehepaars, das ich in Beirut besuche, denn es herrscht Krieg im Libanon, und die Israelis bombardieren die Muslime. Man sagt mir, die Tochter sei zerstückelt in den fünf Schuhschachteln begraben gewesen, und die riesige Fotografie der Schachteln hängt nicht irgendwo in ihrem Haus, sondern im Schlafzimmer des Paars. Die beiden sind schön und gepflegt, tragen elegante weiße Kleider, haben eine

Privatarmee mit Mercedes vor der Haustür und eine französische Haushälterin. Die Tochter war von Palästinensern in Tel al Saatar ermordet und zerstückelt worden, und jede Nacht blicken diese zwei Professoren sie an, im Bett, in dem Zimmer, in dem sonst keine Bilder hängen, nur das Foto ihrer zerstückelten Tochter in den Schuhkartons, und ich spürte, dass man genau neben mir, in die Kabine des armen jungen Mannes, der gestorben war, und der vielleicht auch schon toten Frau jetzt jemand Neues gebracht hatte. Aber vielleicht würde man auch ihn verlegen. Ich war mehr tot gewesen als die beiden, und jetzt waren sie mehr tot als ich. Ich hörte Geräusche von dort. Ein Mann sagte, die Kabine sei zu schmal. Eine Frau fragte jemanden, ob ihr Mann trinken könne. Man sprach von Operationen.

Ich höre eine Frau weinen und sehe den Rücken einer mir bekannten Schwester, die sich zu ihr niederbeugt. Ich höre ihre Worte, während sie ihr eine Spritze gibt, höre sie sagen: »Entschuldigen Sie, aber es wird Ihnen wehtun.« Doch ich bin ja müde, und es sind wohl nur ein paar Minuten vergangen. Das Grauen ist dick und trüb geworden. Am Schwesterntisch nimmt eine kleinwüchsige Schwester Platz, setzt eine schmale Brille auf, die ihr auf der Nase reitet, und liest still die Zeitung. Ich klingle nicht nach ihr. Sie sieht zu mir auf, kann mich wegen der Lichter aber nicht sehen. Ich bemerke die riesige Gasflasche, die neben mir an der Wand lehnt, bereit für den Moment, in dem ich wieder Sauerstoff brauche, sie ist silbrig und rot angemalt.

Ich war zu lebendig, um apathisch zu sein. Hatte Momente süßen Bangens, aber auch die schwersten, die ich je durchgemacht habe, denn ich spreche von enttäuschter

Einsamkeit, die zwangsläufig Hass in sich birgt. Ich ärgerte mich über etwas, weiß aber nicht mehr, worüber. Ich sah mich auf einem Stuhl sitzen. Man schoss auf mich. Ich regte mich nicht, sagte: »Schießt noch mal, was ist denn, hat man euch das Zielen nicht beigebracht?« Der Notrufknopf rutschte vom Fleck und baumelte an seiner Schnur seitlich am Bett. Mir ging es schlecht. Ich dachte, ich bin nicht erschossen, war mir jedoch nicht sicher. Ich versuchte, Lärm zu schlagen, hatte aber nichts Passendes. Kein Mensch sah oder hörte mich. Ich kam mit niemandem in Kontakt. Nach vielen angestrengten Versuchen gelang es mir, eine leere Tasse auf dem Nachtschrank zu verschieben, aber sie fiel nicht hinunter und machte kein Geräusch, und beinah hätte ich es geschafft, seitlich ans Bettgestell zu fassen. Ich versuchte, den Nachtschrank mit dem, was ich hatte, anzustupsen, damit das Buch darauf mit einem Knall auf dem Boden landete, brachte aber auch das nicht fertig. Eine Schwester hatte nicht daran gedacht, den Vorhang offen zu lassen, und so lag ich etwas verdeckt, man sah mich nicht vom Zentrum der Intensivstation. Ich wollte wissen, wie spät es war, aber die Uhr stand auf dem kleinen Nachtschrank, den man vergessen hatte, mir näher zu rücken, ich konnte den Zeigerstand nicht erkennen. Alles wirkte verschwommen in dieser Startzentrale für Weltraumraketen, und durch die kleinen Fenster in der Wand hörte man angenehm eintönige Jammerlaute. Ich hatte das Gefühl, außerhalb meiner selbst zu sein, fortgeschwemmt, ohne zu wissen, wohin, verspürte eine wütende Traurigkeit, größer als ich und schlimmer als alle Ängste, die ich je empfunden hatte.

Ich dachte nicht darüber nach, was ich empfand, denn

ich war denkunfähig, fühlte mich betrogen wegen des goldenen Flecks, den ich für eine Petroleumlampe ohne Glasstrumpf gehalten hatte. Und es wehten Todeshauch und Lärm von der Kabine des toten jungen Mannes und von der Leiche der Frau, die ihn ablöste und ebenfalls gestorben war, und von dem anderen Toten, den man dort hingebracht hatte, und von dem Toten, der auf ihn folgte, und man hörte Stimmen, ich konnte nicht sehen, wo sie herkamen, kein Mensch sah mich, das Licht über mir brannte nicht.

Menschen schimmerten von fern auf. Ich sah an die zehn Rücken von Sanitätern oder Wissenschaftlern, die mit dem Gesicht zu den großen Monitoren saßen, und lange beobachtete ich die Leute, die jenseits der Gardinen durchsichtig aussahen. Es waren auch meine Nächsten darunter, aber ich nahm nicht teil an dem Stück, das sie spielten. Pfleger, Schwestern, Therapeutinnen, Sanitäter, Ärzte, Ehefrau, Tochter, Schwester, Freunde, und ich blicke sie an, sehe sie aber nicht immer. In ohnmächtigem Wachzustand kapselt man sich ab und leidet ganz allein. Mein Lebensstolz überwand jetzt die Selbstverachtung, in der ich mein Leben lang versunken gewesen war. Oft wusste ich, dass mir ein Lächeln im Gesicht steht und es mir alle ansehen und denken, das sei ich, aber ich bin noch abgeschnitten. Höre nicht. Sie meinen, ich würde sie anlächeln. Vielleicht möchte ich unerkannt bleiben, und das Lächeln ist eine Maske, unabsichtlich, unwillkürlich. Leute überlegen hier laut, ob ich sie erkenne oder verstehe, und ich weiß nicht immer, wer die Sprecher sind, oder zuweilen weiß ich es, kann sie aber nicht einordnen, und manchmal interessiert es mich mehr, meinen Phantasien nachzuhängen, als Menschen zu sehen, und seien es auch meine Lieben. Schlagartig begriff ich, dass es etwas Positives hat, Beobachter zu beobachten. Ich meine, ich bin in dem Moment wirklich in die Welt zurückgekehrt, als ich Miranda zu spüren begann, als sie aus dem Dunkel hervortrat und real aussah, eine Frau, meine Gefährtin im tiefsten Sinne, kein Traum, keine Phantasie, und sie war oder wirkte so müde, und ich war immer noch nicht sicher, ob ich wusste, wo ich herkam, aber sie wusste es schon, obwohl sie dort auf der anderen Seite nicht bei mir gewesen war, denn eines war mir völlig klar: Dort, an dem anderen Ort, in dem Dunkel, in dem ich mich befunden hatte, in jener Gluthitze, war ich ganz allein gewesen.

Ich versuche, im Geiste all die Gesunden hier zu verfluchen, diejenigen, die herkommen, um im Stillen zu bellen, die Krokodilstränen vergießen aus Angst um sich selbst und sicher denken, arm dran, der Yoram, in Wirklichkeit jedoch sich selbst im Kopf haben, aus Angst vor dem, was ihnen zustoßen könnte, in Sorge, womöglich mal in denselben Zustand zu geraten. Aber dann denke ich, nein, ich verfluche euch nicht, ich habe etwas gehabt, was ihr nicht hattet, ihr seid »Söhne verkehrter Widerspenstigkeit«, ihr habt und hattet ein Wohin, ich habe nicht mal einen Ort, an den ich nicht gehen kann, aber als ich nach Nirgendwo ging, entdeckte ich einen neuen Kontinent, entdeckte ein neues Universum, und ich möchte Miranda sagen, wie sehr ich sie liebe. Wie dankbar ich ihr bin. Wie ich die Bosheiten bedaure, die ich ihr angetan habe. Stunden sitzt sie da. Geschlossen, verschlossen sind die Augen meiner Geliebten, und ich bin »ein knochiger Esel«, »ein Sohn der Ruchlosigkeit«, »ein Sohn verkehrter Widerspenstigkeit« und was der biblischen Flüche mehr sind, und mir gebührt keine solche Milde, wie sie sie mir erweist. Sie sieht aus, als sitze sie hier seit eh und je, und plötzlich möchte ich ihr sagen, dass im ersten Reisebuch über ihr Amerika, einem Werk aus dem 18. Jahrhundert, geschrieben steht: »Zuerst schreibe dein Testament.« Einen Tag nachdem ich das zweite Mal nicht zurückkehre, werden sich Testamente zuhauf finden.

Zwischen den Phantasien sind viele Dinge geschehen. Dies ist ein Krankenhaus. Ichilov. Chirurgie II, 4. Stock. Und die Mitarbeiter teilen sich hier in zwei Lager, in Grüne und Blaue. Kein Mensch weiß warum, oder warum gerade Grün und Blau und nicht etwa Grün und Weiß oder Rot und Lila, aber so wünschte es der Professor. Nachts höre ich ein starkes Tosen, wie einen riesigen Blasebalg, und nach Tagen oder Wochen nehme ich an, ohne zu wissen, ob es stimmt oder nicht, dass es sich um eine große Waschküche handelt, eine Art mächtigen Boiler, fünf Stockwerke hoch, und dort wäscht man Tausende von Bettbezügen, Zehntausende von Decken, Wäschestücken, Windeln, Schlafanzügen, und all das kocht tagtäglich in einem Riesenbottich, allein die Bettdecken könnten das Bloomfield-Stadion abdecken. Und das höre ich, höre jede Nacht den riesigen Blasebalg pumpen, und vielleicht ist es gar kein Blasebalg, vielleicht bilde ich mir das nur ein, vielleicht sind die Geräusche das Seufzen und Weinen und Jammern aller Patienten, Brüder in ihrer Einsamkeit entgegen dem schönen Leben, das sie laut umwuselt, während sie leise wimmern, und aus einer Ecke des Universums schreit all diese Stille, das Schluchzen, das Weinen, Tod und Trauer, und nur Kranke wie ich können es hören, nicht aber die jungen

Schwestern und nicht die Besucher, auch nicht die junge Frau im kurzen Kleid, die sich am Ende des Saals über jemanden beugt. Heute habe ich keine Ahnung, was es wirklich war, habe fragen wollen, es aber unterlassen, zum einen, weil ich keine Stimme hatte, und zum anderen, weil der Gedanke an einen Boiler ungeheurer Größe, fünf Stockwerke in der Höhe, der all unsere Pyjamas kocht und drückt und knuddelt und wirbelt, Staunen und Eifersucht bei mir weckt, ohne dass ich wüsste, auf wen ich eifersüchtig bin.

Ich erwache beim Eintreffen der diensthabenden Schwester mit dem Geräusch des Riesenblasebalgs in meinem Innern, des Blasebalgs, der mir Nacht für Nacht aufspielte. Und es gab auch Transfusionen, gab Nächte, in denen man mir Nadeln in Hände oder Arme steckte, die man an einen Schlauch anschloss, es gab Behandlungen, kleine operative Eingriffe, und ständig füllte man Nahrung und Flüssigkeit und Medikamente in den Beutel, der über mir hing, oder man legte eine Drainage, die schlimmste Plage. Du liegst da, man öffnet dir eins der Atemlöcher, die man dir in die Brust geschnitten hat, führt einen Schlauch ein und saugt ab. Jeder Pfleger und jede Schwester, die mir das angetan haben, baten mich um Verzeihung, wussten, wie weh das tut, und hatten Mitleid mit mir, sagten aber, es ginge nicht anders, man müsse den Schleim absaugen, wegen des Beatmungsgeräts. Eines Tages hatte ich einen kleinen Splitter verschluckt, der von der Sonde abgesprungen war, mir in der Kehle saß und mich störte. Ich versuchte ihn auszuspucken und schaffte es nicht, versuchte ihn hinunterzuschlucken und brachte es nicht fertig, und es schmerzte und kratzte mir in der Brust, und auf einmal konnte ich sprechen, wenn auch aus dem Bauch. Man musste zwar eines der Ventile verschieben, die mir in der Brust hämmerten, und ich hörte mich an, als spräche ich aus einem abgrundtiefen Loch, aber es gefiel mir, zu sprechen. Ich lachte wohl, oder vielleicht habe ich das heute so in Erinnerung, als ich meine tiefe und raue Stimme hörte. Es war gerade Visite, die Ärzte erschienen hochmütig und überlebensgroß, tippelten dem Professor nach wie ein Schwarm Raben, die dem Herrn der Heerscharen nachhüpfen. Ein Pfleger versuchte, mir den Splitter aus dem Hals zu holen, aber einer der Ärzte unterbrach ihn, um mich zu untersuchen. Es kratzte furchtbar. Ich schloss die Augen. Der Professor fragte, was los sei. Der Pfleger war ziemlich erschrocken und sagte es ihm. Er wartete darauf, dass die Ärzte gingen. Aber der Professor blieb stehen, beugte sich über mich, schaute mir tief in den Rachen, und ich quakte und sah, dass seine Augen funkelten, plötzlich wirkte dieser Gigant wie ein begeistertes Kind. Er bat die anderen, auf ihn zu warten, wollte wohl nicht, dass jemand von der Stelle wich. Er sprang auf den Flur wie ein Jüngling, und alle warteten reglos auf ihn, keiner sagte etwas. Der Pfleger wollte sich mir nähern, aber die untergebenen Ärzte ließen ihn nicht. Der Herrgott kam mit etwas in der Hand zurück. Er sagte: »Jetzt werde ich euch mal vorführen, wie man eine Sonde legt.«

Er setzte sich aufs Bett, und ich spürte, dass er vor Erregung zitterte. Ein markantes Lächeln kroch auf seine Züge. Der König der Station, die Blüte der Nation, der Krankenhausgott zitterte und bereitete sich vor, als werde er gleich den Ozean durchschwimmen. Seine Ärzte, in blauen Kitteln, umstanden ihn im Halbkreis, und einer von ihnen, ich weiß nicht mehr, wer es war, sagte aufgeregt: »Jetzt seht euch an, wie er es macht!« Als sei Harry Houdini auf einen Sprung vorbeigekommen. Ihre Augen blitzten. Sie drängten sich zusammen, und zwischen ihnen sah man auch die Augen des Pflegers und vielleicht eines zweiten, vielleicht war es Pfleger Alex, den ich gern mochte, und auch zwei Schwestern standen dabei. Alle bebten vor Aufregung. Der Professor lächelte. Sein Lächeln war Gold wert, und die Worte »Gold wert« füge ich jetzt hinzu, damals dachte ich nicht an Gold und Wert. Sein Körper duckte sich, seine teuren Hände zitterten nicht. Er führte sie an meinen Mund, säuberte den Hals, und dann entnahm er der mitgebrachten Packung einen sauberen Tubus, prüfte ihn, schälte die durchsichtige Hülle ab und steckte ihn mir in begeistertem Schub eigenhändig geradewegs tief in die Kehle, präzise, wie ein Zauberkünstler ließ er den Tubus hineinflutschen. Ich krümmte mich vor Schmerzen, aber sie waren kurz, er hob die Hände, einer der Ärzte ergriff seine Rechte, das Spektakel war zu Ende. Er stand auf, streckte sich, lächelte, zog seinen Kittel zurecht und blickte nicht mal zu mir hin. Er ging, ein triumphierendes Lächeln im Gesicht, und der Ärztetrupp folgte ihm mucksmäuschenstill.

Zeit verging. Einen Monat nach meiner Rückkehr kam einer der Ärzte und sagte, man werde mich in einen angrenzenden Isolierraum verlegen, der zur Intensivstation gehörte, wegen des aggressiven Bazillus, der noch in mir steckte, und dort sei Platz frei geworden. Sanitäter kamen und brachten mich in den ziemlich großen Isolierraum. Dort lag ich allein, wegen der Ansteckungsgefahr. Als Heim eines tödlichen Bazillus bin ich was Besonderes, sagte ich mir. Ich habe den Bazillus wohl kaum gespürt, dachte aber an ihn und tröstete mich mit dem Wissen, dass er noch in mir nistete. Man sagte mir, an der Zimmertür habe man das Symbol des Totenkopfs mit gekreuzten Knochen angebracht, und es wurden weiß-rote Bänder gespannt, um Unbefugten den Einlass zu verwehren. Der Raum war lang, mit einem Fenster in der Nähe des Bettes, in das man mich legte. Alles, was ich in den nächsten zwei Monaten sehen sollte, war die Szenerie vor diesem Fenster.

Es gab dort Platz für einen weiteren Patienten, aber es hieß, man würde selten jemanden herverlegen, und falls doch, werde eine Trennwand aufgestellt. Tatsächlich kam nur manchmal ein Einzelner herein, der ein paar Tage blieb. Auch er barg Ansteckungsgefahr mit seinem aggressiven Bazillus, obwohl der nicht derselben Familie angehörte wie meiner. Man muss sie miteinander bekannt machen, dachte ich, vielleicht ist der eine ein Bazillus und der andere eine Bazille, und dann verlieben sie sich womöglich und verlassen mich, bestellen mich eventuell sogar zum Paten ihrer Sprösslinge, und plötzlich war ich zutiefst verärgert. Was mache ich mich selbst verrückt, und was sehe ich vor meinen geschlossenen Augen? Meine Mutter Sarah kommt und will mich mit Brei füttern. Ich rede mit ihr über meine Gebeine. Und auf einmal rührt sie sich, immer noch neben mir sitzend, versucht, mir Milch einzuflößen, und vielleicht hätte ich überhaupt Fieber. Ich spreche mit ihr darüber, wie ich im Grab aussehen werde. Wie mich dort die Ameisen fressen. Werden mir unter der Erde Mund und Augen offen stehen? Die Christen haben Glück, ihnen drückt man vor der Beerdigung die Augen zu, und vielleicht habe ich kein Glück und kann Miranda nicht überzeugen, dass ich kein Grab will, sondern verbrannt werden möchte. Neuerdings gibt es hierzulande eine Gesellschaft namens »Herbstlaub«, die israelische Juden und auch Nichtjuden einäschert, das kostet nur 9000 Schekel, ohne die Urne, aber wenn ich nicht verbrannt werden kann, was dann? Ich werde daliegen und warten, bis mein Fleisch zerfällt. Bei Juden geht der Ameisenschmaus schneller vonstatten als bei Christen, denn in Israel wird ja nicht im Sarg begraben, und mein Fleisch wird schnell aufgefuttert sein, ich werde ein üppiges Mahl für Millionen Lebewesen bieten, die mich abnagen, bis meine Knochen schneeweiß schimmern.

Ich spreche mit meiner Mutter Sarah, heute selbst ein weißes Skelett im Grabe, aber ich sehe sie neben mir sitzen, ich ärgere sie mit diesen Reden. Ich weiß noch, dass sie mich immer gewarnt hat, sie würde mal sterben und dann würde ich bedauern, was ich ihr angetan habe. Doch eines Tages hatte ich genug davon und konterte: »Hör mal, vielleicht sterbe ich vor dir? Das kann passieren. Was machst du dann?« Sie wusste nicht, was sie antworten sollte. Ich rede mit ihr im Ichilov-Krankenhaus, Jahre nachdem die Ameisen sie erledigt haben. Als ich aufwache, ist meine Mutter Sarah längst nicht mehr da, nur der Pfleger Alex kommt. Ich erzähle ihm tonlos, was geschehen ist, und er sagt: »Yoram, Sie reden nicht wirklich, Sie meinen zu reden«, und ich versuche ihm zu erklären, dass vor einer Minute noch meine Mutter Sarah hier gesessen hat, aber er sagt, oder ich meine zumindest, er hätte gesagt: »Ihre Mutter müsste heute über hundert sein, da wird sie nicht hier im Krankenhaus sitzen, sondern dort bleiben, wo ihr sie gelassen habt. Damit ihr euch darüber verzehrt, dass ihr sie krank und elend und ohne euren Vater Mosche habt sterben lassen«, und ich lache. Alex ist da und nicht da, doch ich bin Teil der Evolution, Fleisch und Knochen, und es gibt keine Seele. Die Juden haben die Seele erfunden, in der hebräischen Bibel steht nichts von einer Seele, im Leben gibt es keine Seele und nichts. Ich bin nichts als flüssige Scheiße, liege im Schweiße, stinke wie eine Leiche. Ich bin eine Million Jahre alt und trage auf dem Buckel die Million langer Jahre vom Affen zum Menschen, zum armseligen und behinderten Yoram, und ich möchte hinzufügen, »dem Bedauernswerten«, aber ich bin nicht bedauernswert, ich bin aus meinem Leben vertrieben worden und habe kein Problem damit. Das Leben, aus dem ich verjagt worden bin, ist nicht das Leben, das ich habe leben wollen.

Nun wird in mein großes, hässliches, isoliertes Zimmer der andere Mann verlegt. Sanitäter bringen ihn herein und stellen einen Wandschirm zwischen uns auf, und ich kann ihn nicht sehen. Ich erinnere mich nicht, wo ich gewesen bin, nur an den süßen, penetranten Geruch meiner Mutter Sarah, die es gewagt hat, mich aus einem schwarzen Loch zu gebären, in dem ich erst, als ich sein Ende berührte, verstand oder zu verstehen meinte, was für ein Horror das ist. Der Mann neben mir ist schwer krank. Zwischen den Phantasien höre ich, dass er Arzt ist, und auch Rabbiner und Amerikaner und ultraorthodox, und dass er höllische Qualen leidet. Als man ihn ins Zimmer brachte, schrie er vor Schmerzen. Ich hatte noch nie jemanden so kreischen gehört, er klang wie ein Tier unterm Schlachtmesser, wie die Kühe, die ich einst vorm alten Schlachthaus brüllen und flehen hörte, in der Straße am Jarkon, deren Namen ich vergessen habe, nahe dem Haus meines Großvaters in der Amos-Straße. Und jedes Mal, wenn eine Schwester meinen Nachbarn anfasste, um ihn zu behandeln, schrie er noch mehr. Meist wusste er nicht, wo er war. Seine Frau war klein und rundlich, schüchtern und erfüllt von Liebe zu der Luft, die ihren Mann umhüllte, und sprach englisch mit ihm. Sie saß mit dem Rücken zu mir, aber zur Hälfte durch die Trennwand verdeckt, so sah ich sie nur mit dem halben Rücken zu mir, während sie sich kaum regte, um ihrem Mann ja nicht die Luft aufzuwirbeln. Sie trug eine schlechtsitzende Perücke, sprach mit ihm und las ihm blöde chassidische Geschichten aus bebilderten Kinderausgaben vor.

Manchmal kamen auch seine Söhne. Sie redeten auf ihn ein, ohne zu wissen, ob er es hörte. Ihren Worten entnahm ich, dass sie in Jerusalem wohnten und dass er dort unterrichtet und als Arzt praktiziert hatte, aber in den Krankenhäusern der Religiösen hatte man keinen Platz zum Sterben für ihn gefunden. Sie wollten ihn nicht länger dort behalten, und so hatte man ihn hierher überführt, weil man sich im Ichilov seiner erbarmte. Über Schabbat blieb seine Frau zu Hause in Jerusalem, gemeinsam mit den Söhnen, und an ihrer Stelle kam eine Frau mit bleichem, spitzem Vogelgesicht. Ihre Züge wirkten etwas rau und knorrig, überraschend in ihrer durchschimmernden Blässe, und auf dem Kopf trug sie eine altmodische Haube. Ich hielt sie für eine Konvertitin, sie hatte etwas sehr Englisches und Vornehmes an sich, war schön und schmal, vielleicht eine *Wasp* aus Boston, und sie lächelte, eine Art zweite Miranda, in anderem Alter, aber alterslos und tüchtig wie sie. Wie sich herausstellte, hatte sie ihn jahrelang gepflegt. Wegen seiner Schreie ließen sie ihn nur kurz in meinem Zimmer, weil sie mich nicht verrückt machen wollten, und die schöne Frau saß den ganzen Schabbat über bei ihm, schlief im Sitzen, kümmerte sich sehr liebevoll um ihn. Manchmal unterhielt sie sich flüsternd mit Miranda, so großmütig, aber seine Schreie waren unerträglich, und als sie unkontrolliert wurden, verlegten sie ihn in ein anderes Zimmer, das auf der Isolierstation frei geworden war, ebenfalls mit Schädel und Knochen auf dem Türschild. Und ich sah die Patienten der Intensivstation anstehen wie bei Nora Ness in Mailand, eine lange Schlange stehender Menschen, und sie sind Lichtbilder, Menschenteile, sie lachen, das Sonnenlicht leuchtet, und dann dunkelt es, und sie klettern auf dem Sonnenstrahl himmelwärts wie Akrobaten.

Große, fette Tauben tänzelten auf meinem Fensterbrett, und der Ärmste bekam von den Tauben nichts mit. Seine Frau sagte, ich hätte Glück, dass sie für mich tanzten. »Wenn sie meinen Mann sehen könnten, würden sie für ihn sicher singen«, sagte sie. Ich erzählte ihr, ein Jude ging in Minsk auf der Straße, und ein Vogel schiss ihm auf den Kopf. Blickte der Mann zu ihm auf und sagte: »Aha, und für die Gojim singst du!« Wegen ihres armen Mannes versuchte sie, sich das Lachen zu verkneifen. Das Fenster der Tauben ist durch waagerecht gesperrte venezianische Jalousien abgeschirmt, die die Entfernungen verzerren. Das Nahe erscheint fern und das Ferne nah. Es dauerte lange, bis ich begriff, auf welcher Seite des Krankenhauses ich lag. Als die Tauben einmal nicht kamen, sehnte ich mich nach ihnen, und einmal hörte ich Ralf Kleins Stimme aus einem Nebenzimmer. Es lief ein Basketballspiel, und es waren wohl Freunde zu meinem Nachbarn gekommen. Sie brüllten über jeden Treffer, schimpften über jeden versiebten Korb und kommentierten lauthals den Spielverlauf, und ich dachte, na, wer sagt denn, dass es in den Todeszimmern kein Leben gibt.

Aber ich fühlte mich Hiob nahe und hörte alte Menschen, die darauf warteten, an die Reihe zu kommen, ich weiß nicht mehr wo. Sie sagten, sie warteten darauf, in die andere Welt zu gelangen, und ich dachte, so ich denn dachte beziehungsweise wenn wirklich jemand redete, hörte ich ihn sagen: »Was ist denn die andere Welt genau, was heißt ›er ist in seine Welt eingegangen‹? Welche Welt? Wieso gegangen? Warum hat man Angst, deutliche Worte zu sprechen? Was soll der Quatsch?« Und ich hörte im tiefen Schlummer jemanden, dessen Stimme mir bekannt vorkam, Miranda fragen: »Was, Yoram ist verschieden?« Und ich wollte sagen: »Was heißt hier verschieden? Wer ist verschieden? Man scheidet nicht hin, man stirbt. Wenn man das Wort ›tot‹ rückwärtsliest, kommt es auf dasselbe heraus. Was ist dieses Ding, das ihr ›die Welt der Wahrheit‹ nennt? Warum bezeichnet man den Totengarten im Hebräischen auch als ›ewiges Haus‹?«

Es vergingen einige Stunden. Möglicherweise. Es war traurig im Netz der Ungewissheit, das sich in mir entspann. Und ich erhob mich, schwebte frei in der Luft über meinem Bett. Ich wusste, ich träume nicht. Wollte höher und höher steigen, Naomi verschwand für eine Weile, aber Miranda blieb. Später stand auch sie auf und ging. Ich bin allein, und es kommen Leute aus der Zeit, als ich zur See fuhr, der dicke Menachem, Saki, Zucker, sie nehmen mich mit zu Laisch und zu Abu Laisch, und Laischs Hund springt hoch, um mit mir zu schmusen, er ist gar nicht Topsi, der mich mal gebissen hat, und ich lebe. Neben mir ist Laisch, dessen Bruder Schemesch in meiner Einheit war und in Katamon Gold mitgehen ließ, sich ein Haus in Jad Elijahu kaufte, darauf eine hohe Radioantenne errichtete, daran hochkletterte, abstürzte und starb. Abu Laisch bittet Laisch, ihm Quark mit neun Prozent Fettgehalt aus dem Laden zu holen, und der Hund springt hoch, wirft den Ladenbesitzer um, schnappt sich den gewünschten Quark und bringt ihn Laisch, und danach sitzen sie mit mir in einem kleinen Hotel in Haifa, alle Mann in einem Zimmer. Wir sind zwanzig Seeleute, und es herrscht Ausgangssperre. Man verteilt Personalausweise, weil der Jischuw beschlossen hat, ein Staat zu sein. Wir warten. Die Nerven der Seeleute, die bei mir sind, schmelzen vor Hitze, und der dicke Menachem reißt eine Kloschüssel aus dem Beton, weil er Lust hat, was zu tun, und es kommen zwei Nutten aus Neapel vorbei. Ich türme, doch die beiden Damen setzen mir nach, schleppen mich zu einem Faxgerät, einem schwarzen, hochmodernen Apparat, und jemand dort, ich weiß nicht wer, schlägt mich und walkt mich, bis ich die Form von Leichentüchern annehme, und füttert mich ins Faxgerät. Ich höre den Klingelton beim Wählen in ein Faxklingeln überwechseln und werde eingesogen. Ich werde weit weg geschickt und fühle mich leicht, finde es angenehm, ein Fax zu sein, das an einen Ort fern des Krankenhauses versandt wird. Ich spüre die Schrift auf meinem Körper, gelange ans Fenster, Meeresrauschen, die Feindseligkeit fehlender Regenrinnen, die Feindseligkeit des Todes, an den ich mich jetzt erinnere, und das sagt etwas über mich aus, gerade heute, wo ich schon lebe, und wie kommt es, dass ich als Fax ins Nirgendwo geschickt werde und gleichzeitig hier bin bei Schwester Julia, die mir jetzt den Hintern mit grüner Salbe einreibt?

Ich bin ein Mann der Nähte, und Schwester Julia trägt einen Ohrring, vielleicht auch einen Ring, und sie hat so jüdische Gesichtszüge, ist schlank, sanft, und etwas verstört mich: Ich habe ihr nichts gegeben, ich bin ihr etwas schuldig, aber was? Vielleicht die riesigen Bazillen, die meine Körperwände hochklettern und wie Ratten aussehen. Ich sehe die Ratten den schwachen Kranken auflauern, die von jungen Frauen gewaschen werden, welche dabei von hübschen jungen Männern reden, die sich wie Pfauen drehen und freche Lieder singen und unaufhörlich am Handy hängen und nett und schrecklich und jung sind, und in meinem Geist summt ein chassidisches Lied, und leise erklingt auch das Lied von Nathan Alterman über den Mond und die Zypresse, und ob man sich flüsternd nach ihrem Befinden erkundigen dürfe, und ich höre Sirenen. Vielleicht von unten, vom Eingang der Notaufnahme. Jetzt befahre ich eine belebte graue Straße. Ich weiß, dass es nicht in Israel sein kann. Es ist anscheinend in Amerika. Eine breite, lange Straße. Die Luft ist trüb und voll mit Dornen und Stroh und Spreu, die in einer wirbelnden Dunstwolke Sicht und Atmen erschweren. Autos fahren mühsam mit flimmernden Lichtern, und ihre Fahrer versuchen womöglich, einander umzubringen. Die Scheinwerfer zwinkern sich zu, man hört Schüsse fallen, ich lenke auf den Seitenstreifen, schwenke aus, um weiterzufahren, und da steht ein Polizeiwagen. Ein Polizist ist ausgestiegen, eine Lampe in der Hand, und sagt zu mir, als würden wir uns seit Jahren kennen oder gehörten derselben Familie an, was nicht zutrifft, sagt, dass ich nichts zu befürchten hätte und er mich schützen werde. Auf meine Frage, warum er mich schützen müsse, lacht der Polizist, schlägt mir sanft auf den Rücken und fragt zurück: »Sagen Sie mal, haben Sie eine Ahnung, wo Sie sind?« Nein, das wüsste ich nicht, gebe ich zurück. Er fragt: »Wer hat gesagt: ›Wenn ich das Wort Kultur höre, entsichere ich meinen Revolver‹?« – »Goebbels«, erwidere ich, und er sagt: »Der hat hier auch mal gewohnt.«

Ich verabschiede mich von ihm und fahre nun eine schmale Straße hoch zu einer langen Reihe hübscher alter Holzhäuser, umstanden von dichten Bäumen, halte an und steige aus. Ich trete an das einzig erleuchtete Fenster. Durchs Fenster sieht man den Rücken eines Mannes, den ich als jüdischen Intellektuellen erkenne. Er ist im Stil der zwanziger Jahre gekleidet, vielleicht ist er der große hebräische Schriftsteller, der in »Hadoar« oder in »Bitzaron« schreibt, ich kann ihn nicht sicher einordnen, vielleicht handelt es sich um Morum Morum, den ich erfunden und in ein Buch aufgenommen habe, das nie erschienen ist, und er benutzt sicher antiquierte hebräische Wörter, spricht eine Sprache, die der geistigen Naivität und der Boheme im Stil der zwanziger Jahre verhaftet ist. Der Mann hat silbergraues, auf gepflegte Weise leicht zerzaustes Haar, trägt ein altmodisches grünliches Cordjackett und einen breitkrempigen Hut. Vor dem Mann, dessen Gesicht ich nicht sehe, lagern bis ans Ende des langen Raums in herrlicher Unordnung Tausende hebräischer Bücher auf und unter Regalen. Auf einem Schemel vor dem Mann steht ein altes Rundfunkgerät, Radio Orion, das es mal gegeben hat, mein Vater Mosche hatte so eines gekauft, es war braun, aus Mahagoniholz und hatte acht Röhren. Und aus diesem Rundfunkgerät dringt eine feurige Rede Schmarjahu Levins, gefolgt von einer aggressiven, kriegerischen und dramatischen Rede von Salman Schne'ur, und Schne'urs kühne Rede wechselt erneut zur feurigen Rede Schmarjahu Levins über das schmerzliche Schicksal des jüdischen Volkes. Und der Mann mit dem Rücken zu mir bricht in Tränen aus. Er nimmt den Hut ab und rauft sich die Haare, breitet die Arme aus und beginnt zu heulen: »Wohin ist das jüdische Volk verschwunden? Was ist dem jüdischen Volk geschehen? Wo ist dieses Volk? Wie ist solch eine Katastrophe eingetreten? Wieso hat man dieses Volk so sterben lassen?«

Er schluchzt und steht nicht von seinem Stuhl auf, und ich spüre seinen echten Schmerz, den Kummer, der in ihm nagt, und auf einmal hört man ein Geräusch, eine Frau stürmt herein, wohnt vermutlich nebenan. Sie wischt dem Mann die Stirn ab und spricht ihn mit einem Kosenamen an, ich meine, sie sagte »Motek« – »Süßer«, das war's wohl, »Motek«, meine Mutter Sarah hatte einen Freund namens Motek –, und sie sagt gefühlvoll: »Motek, reize deine schönen Augen nicht, schädige nicht deine hübschen Lider«, und mich faucht sie ärgerlich an: »Warum sind Sie hergekommen? Hier war ein jüdisches Wohngebiet, alle sind weg, es geschah, als Stalin und Berija einander umbrachten, da ist das Volk hier verschwunden. Nicht weit von hier, im Norden New Jerseys, haben die Juden doch das Schilfmeer überquert«, und sie deutet auf die Stelle, an der das Volk angehalten hatte: Sanddünen mit versengtem Gras bedeckt, in der Ferne segeln Wolken, und israelische Kinder fällen Bäumchen bei Sarona und stecken die Stämme dann in die Sandhügel, die sich vom alten Rathaus am

Bialik-Platz zur Allenby-Straße erstrecken, denn es kommt Winston Churchill, der britische Kolonialminister, und alle drängeln sich, um ihn aus der Nähe zu sehen, doch die Bäumchen, die man in der Eile nicht mehr einpflanzen konnte und daher ein paar Tage zuvor einfach in die warme Erde gesteckt hat, werden angestoßen und fallen um, und Dizengoff weiß nicht, was tun, und Churchill sagt zu ihm: »Man braucht Stämme, braucht Wurzeln«, und der Jude im Zimmer sagt: »Genau! Wurzeln. Juden können keine Wurzeln schlagen.«

Er rauft sich unablässig die Haare, und die Frau, die eine Perücke trägt, erklärt mir etwas, und der Mann sagt immer noch weinend: »Frohlockt, ihr Söhne meines Leibes, kommt hier so ein arroganter Schnösel aus Israel angelaufen und wird behaupten, in Tel Aviv sei es besser. Aber das ist eine lächerliche hebräische Kleinstadt von Zionisten, und ich bin ein Rindvieh, das ein Volk verloren und zu beklagen hat.« Ich erwidere ihm, mein Volk sei in die Unterwelt verbracht, und er sieht mich an, das Gesicht noch traumwandlerisch, steht auf und fällt, und da liegt er plötzlich auf dem Boden, küsst mir die Füße und sagt: »An deinen Schuhen klebt Erde des Heiligen Landes, und dort wird man begraben, was vom jüdischen Volk noch verblieben ist«, und er schlägt mit den Fäusten auf den Holzboden und ruft: »Geh weg hier, geh zu deinem Ben Gurion, hier hast du nichts zu suchen, das jüdische Volk hat einen vernichtenden Schlag abbekommen, wird sich nicht mehr erholen. Ihr seid eine Episode in der jüdischen Geschichte, Opa, der Schlag war zu groß, die Welt hat das Volk getötet, du hast es gesehen, fünf Millionen jiddischsprachige Juden sind untergegangen, fünf der sechs Millionen Jiddischsprachler, eine Million Talmudgelehrte, Ärzte, die es hätte geben können, Einsteins, Freuds, Rabbiner, Gelehrte wurden ermordet, und euer Erez Israel ist ein Witz und ein Unfug, ihr werdet Araber umbringen, und die Araber werden euch umbringen«, und dann schreit er: »Hau ab!«

Ich möchte ihm etwas sagen. Große Liebe zu ihm entflammt in meinem Innern, aber ich fühle mich beschämt, und er schreit, ich solle hier abhauen, er brauche mich nicht, und ich gehe hinaus mit kohlschwarzem Kopf, der aussieht wie ein Eierkopf, allerdings von einem Ei, das sich selbst schwarz sehen kann, und ich steige in ein einsames Auto, das nicht vor seinem Haus, sondern auf einem großen, leeren Parkplatz steht. Das Auto spricht mit mir, und ich muss den Weg nach rechts oder links finden, und aus Abgrundtiefen sehe ich einen Mund aus dem Dunkel lugen, und eine Männerstimme sagt erneut: »Yoram, wach auf!«

Ich schlage ein Auge auf, sehe den arabischen Pfleger aus Tira, der keine Busfahrscheine mehr ins Fotoalbum klebt und längst nicht mehr für mich zuständig ist, denn ich liege ja im Isolierraum, nicht auf der normalen Intensivstation. Es geht voran mit mir, sagen die Ärzte, aber warum muss ich dann dauernd weiterphantasieren, und warum denke ich an einen Engel Gottes, der gegen das Lager Sanheribs auszieht und dort hundertfünfundachtzigtausend Mann erschlägt: Da stehen sie am Morgen auf und sind alle tot, ja nicht bloß tot, lache ich in meiner Hölle, sondern sie erwachten, um festzustellen, dass sie tot waren. Wegen des scharfen Schmerzes im Bauch im Verein mit den Jugendbewegungsliedern, die mir im Endlosreigen im Kopf klingen, möchte ich weinen. Eine Schwester bringt mir Tränen von einer Frau, die ihren Mann verloren hat, und ich träufle sie in meine Augen und weine, und sie öffnet ihre Pussi, und ich dringe in sie ein, aber in Wirklichkeit öffnet sie den kleinen Laden in meiner Brust, führt den Absaugschlauch ein, ich fühle mich ohnmächtig werden, und als sie den Schlauch herauszieht, spüre ich die Nähte.

Tief im Hinterkopf entstand ein Bild. Ich sah die mollige Schwester, die gekommen war, um mich zu waschen, aber sie war geschminkt. Irgendwie wusste ich, dass Schwestern sich im Dienst nicht schminken. Hätte ich denken und nicht nur phantasieren können, wäre mir aufgegangen, dass sie vielleicht zu den Hilfskräften gehört. Manchmal kamen ja liebe und verlegene Oberschülerinnen, voll Begeisterung und Hilfsbereitschaft, um mit anzupacken. Das zarte Make-up, das eine von ihnen wohl trug, erinnerte mich an die Toten, denen ich in New York begegnet war. Ich schlage die Augen auf. Die Lieder schwirren mir im Kopf. Mira sitzt neben mir, hält meine Hand, ist eingenickt, die Ärmste. Ich sehe einen Korridor. Wohin führt er? Ich drehe das Gesicht weg von der jungen Frau, die eine Stelle sucht, wo sie mit ihrer Spritze landen kann, und fahre in der Subway, wohin mich der Gedankengang, in dem ich noch tot bin, führt. Ich steige aus, trinke Kaffee im Stehen und gehe an meinen Arbeitsplatz in dem eleganten Geschäft der Toten in der Madison Avenue. Dort schminke ich Leichen, und ein großgewachsener Mann, der mit mir zusammenarbeitet, kleidet sie ein. In einer Ecke spielt das Radio der Toten, und mitten in dem Song *»How much is that doggy in the window?«*, gesungen von Eddie Fisher, tritt eine alte Frau ein und sagt wütend, wir müssten billigere Stoffe für die Kleider verwenden, denn sie seien ja nur für »eine einzige Reise« bestimmt, und aus Italien sei eine neue Sendung Leichenschuhe aus eingefärbtem und lackiertem Pappmaché eingetroffen, die haargenau so aussähen wie teure Schuhe.

Ich höre, dass eine Schwester mich ruft, aber mir geht es bestens, und ich möchte nicht zu ihr kommen, mir gefällt es in New York, in der Madison Avenue, in der Stadt, die ich in meinem Leben am liebsten mochte, in der ich es schwer und gut hatte, und gesund war, obwohl ich Angst hatte zu schlucken und ganze Nächte vor Krankenhaustoren schlief, weil ich glaubte, eine Rasierklinge verschluckt zu haben. Ich schrieb damals ein Gedicht darüber, wie ich ersticke, mein Leben lang erlitt ich den Erstickungstod. Das ist der Krebs, sagte ich zu der Schwester, von der ich jetzt weiß, dass sie nicht da war, sondern aus dem New York Hospital kam, wo Aya Jahre später geboren wurde. Sie war präsent in meiner wahren Jugend, in der Liebe, in der Rache, und ich kam zu ihr, der Älteste von allen, nach den Schrecken des Krieges, und ich lebte dort, lebte wirklich, Freiheit, Anarchie, und die geschminkte Schwester entschwindet, und ich schminke immer noch die Toten, assistiert von einer großen und kalten Frau, die behauptete, die Visagistin von Greta Garbo gewesen zu sein. Ich arbeitete nach ihren Anweisungen. Wenn wir den Toten fertig eingekleidet hatten und ein Starfriseur für Tote ihm oder ihr eine entsprechende Frisur verpasst hatte, legten wir den Leichnam in den Sarg, der manchmal sehr teuer war und geschmückt oder gelegentlich nur pro forma geschmückt. Es kamen die Angehörigen und Freunde und betrachteten den lächelnden und geschminkten Toten, der sie ebenfalls anblickte, und danach fixierten wir den Deckel mit Messingschrauben, und sechs Mann trugen den Sarg zur schönsten Limousine in New York, einer schwarzen, eleganten, um die Reise zum Totengarten anzutreten.

Ich rätsele. Bin nicht sicher, ob ich weiß, wo ich mich befinde. Wo die junge Helferin ist. Vielleicht ist sie vom Ersatzdienst, der hierzulande Nationaler Dienst heißt? Ich bin die Nation, der man zu dienen kommt. Hoch lebe der Staat Israel, der mir junge Mädchen zu Hilfe schickt. Und auf einmal kommt Adele Cohen auf Besuch in die Madison Avenue. Sie wohnt in der 8. Straße, studiert Ägyptologie und sagt, die alten Ägypter hätten die Toten auf einer prächtigen Barke auf dem Nil in die Ewigkeit geschickt. Ich bin beinah wach. Habe keine Lust, das Totenhaus in der Madison Avenue zu verlassen und ins Bett im Ichilov zurückzukehren. Ich sehe meine Schwester Mira, die jetzt leicht gebeugt neben mir sitzt und ein Buch zu lesen versucht, und gleichzeitig sehe ich Barken, die altägyptische Könige in die kommende Welt bringen, und das hat viel Zauber, ist eine Art herrlicher Unsinn, voll Schönheit, denn das endgültige Ende hat ja nichts Glanzvolles und nix. Aber für einen hässlichen und verwelkenden Alten wie mich, um den herum alles siech und elend ist, ist das Bild einer schönen und lieblichen Barke, die mich auf dem Nil zu der Welt fährt, die jenseits von allem auf mich wartet, ein trügerischer, aber herzerwärmender Anblick.

Man sagt mir, ich sähe gut aus, aber ich weiß, ich sehe aus wie ein alter Schuh. Ich denke mir, wenigstens meine Beerdigung wird würdig ausfallen, man wird mich in der Madison Avenue aufbahren, mich schminken, hübsch machen, und ich erinnere oder phantasiere oder rätsele oder beweine, wie die Gäste in der Trauerhalle in New York den Sarg umstehen, ein- oder zweimal bin ich ihnen ja bis ans Tor des Totengartens in der Bronx gefolgt, und der Priester beendete die Trauerfeier mit den Worten: »Wir übergeben deinen Leib wieder der Erde, Erde zu Erde, Asche zu Asche, Staub zu Staub. Der Herr segne dich und behüte dich und lasse sein Angesicht leuchten über dich, und musst du auch wandern in finsterer Schlucht, wirst du doch Licht sehen, und er wird dir gnädig sein und dir Barmherzigkeit und Ruhe schenken.« Und ich erinnere mich, dass ich an diese Reise gedacht habe. Ich sehe einen Leichenzug, der aussieht wie eine uralte religiöse Prozession, prächtig ausgeschmückt, und der Sarg wird getragen wie ein Schiff, das Gold geradewegs zu Gott befördert. So tritt der Tote denn seine Reise an, sorgfältig gekleidet und zurechtgemacht liegt er in einem aufgemotzten Sarg, und man wirft die Leiche nicht einfach so ins Grab wie in Israel, sondern ehrt den Leichnam, denn noch vor kurzem ist er ja ein Mensch gewesen, und ich weiß nicht, ich denke auch an mich, sehe mich als Leiche und möchte lieber verbrannt werden. Mirandas Vater wurde nach seinem Tod verbrannt. Die Asche brachte man in einer Urne zu seinem Lieblingsbaum in der Kleinstadt Washington Depot in Massachusetts, und dann standen sie alle im Kreis um den Baum, sagten die Gedichte auf, die Mirandas verstorbener Vater geliebt hatte, und verstreuten seine Asche. Einmal schickte ein junger Israeli in New York in den Notzeiten nach der Staatsgründung seinem Bruder in Jerusalem die Asche der Eltern. Der Bruder hielt sie für Nescafé, denn den gab es damals nicht in Israel, man trank Zichorie, und so goss er denn kochendes Wasser darüber und trank seine Eltern.

Ich erwarte, dass man meine Asche an einem hübschen Ort verstreut, vielleicht am Strand, denn wer braucht ein Grab, unser Moses hat keinen Grabstein, unsere weisen Gelehrten, seligen Angedenkens, dachten mit voller Absicht, dass man keinen Totenkult treiben solle. Ich möchte nicht, dass die jüdischen Todesvögel sich an meinen Nägeln zu schaffen machen, mich aussaugen und untertauchen und mein Blut in Einwegbecher leiten, und ich träume vom Feuer. Feuer ist das beste Ende heuer.

Es war wohl doch so, dass die Tage vergingen und New York nicht mehr war und ich nicht spürte, wie die Zeit vorüberzog, und nach und nach sah ich auch mehr. Ich sah Miranda versonnen dasitzen, so schön ist Miranda in ihrem Sinnen, aber sie wurde gebeten, für ein paar Minuten hinauszugehen, weil man mich waschen wollte. Man zog den Vorhang ringsum zu, Miranda trat auf den Flur, und zwei Schwestern kamen zu mir herein und machten mich fertig, drehten mich, entkleideten mich, säuberten, salbten, steckten mir den Schlauch in die Brust, rückten ihn zurecht. Eine der Schwestern arbeitet wie ein Schweizer Soldat, sie gehört zu den wenigen Israelinnen, die hier noch arbeiten. Arbeitet präzise. Einsatzfreudig. Gelassen. Arbeitet wie eine Uhr, die lacht. Dann ist sie fertig, und ich liege sauber da. Ein Pfleger kommt mit einer Infusion. Eine Schwester kommt, um die Anschlüsse ans Beatmungsgerät zu korrigieren. Ich ächze. Das Gerät ächzt zurück, eine Fuge für Öde und Ächzer. Und Miranda kommt wieder und setzt sich und blickt auf das Gerät. Sie versucht zu verstehen, was die Maschine sagt. Aber es gibt nichts zu verstehen.

Jetzt sehe ich schon anders. Aus den Netzen werden wieder Menschen. Sie erstehen aus meinen Phantasien. Ich höre ihr Herzklopfen. Sehe sie sich in Leichen verwandeln, die bald in die kleine Ewigkeit der Juden gerudert werden. Ohne Orchester. Ohne Schönheit. Ohne Pracht. Bloß wie der Tod tatsächlich ist, ohne alles. Ich höre den Arzt kommen, der mich untersuchen will, und sehe das Gemälde, das Goya vor meinen Augen malt. Ich denke erneut an meine beiden schrecklichen Minuten auf dem Berg Zion, als ich beinah gestorben wäre, aber von einem Engländer aus der jordanischen Arabischen Legion gerettet wurde, der auf mich schoss, um mich zu töten, mich dann jedoch sah und mochte, was er sah, und mich rettete, indem er nicht noch einmal schoss. Ich sehe ein Bild, und man sagt mir, es sei schön, es ist »Die Erschießung der Aufständischen am 3. Mai 1808 in Madrid« von Goya, doch wie kann eine Exekution schön sein? Einmal stand ich vor »Guernica«. Neben mir stand ein unreifer junger Mann, so ein total angesagter Typ von damals, heute ist er sicher ein alter Yuppie, und der fing an zu lachen und sagte: »Wie komisch dieses Gemälde ist.« Ich fragte: »Was ist daran komisch?« Er antwortete: »Nicht komisch im Sinn von lustig, komisch, weil es nicht so schön ist, sehen Sie nur diesen Pferde- oder Ochsenkopf.« Da kamen mir schlagartig meine Kriegstage zurück, und zum zweiten Mal in meinem Leben verprügelte ich jemanden. Und er rannte geschlagen davon. Man holte einen Polizisten. Der Polizist war auf meiner Seite. Man sagte dem total angesagten Typen von damals, er solle nach Hause gehen, die Sache werde geregelt, und zwinkerte mir zu. Ich spendierte dem Polizisten ein Gläschen, und er sagte: »Wenden Sie das Gesicht ab, damit Sie nicht sehen, dass ich im Dienst einen hebe.«

Und in meinen Augen sehe ich Goyas Gemälde »Der 3. Mai«. Sehe das französische Erschießungskommando spanische Verteidiger Madrids exekutieren, und einer von ihnen, der Sonnengebräunte in der Mitte, der der Größte von allen ist, auch zerzaustes Haar hat, und an dessen einer Hand man das Wundmal des Messias sieht, der breitet die Arme aus an einem imaginären Kreuz, und ich sehe den unglaublichen Mann, und ihm gegenüber sieht man einen der Schützen, dessen Gewehr den Mann beinah berührt. Alle werden sie jetzt exekutiert, aber der Mann in Weiß ist schon tot, obwohl er seinen letzten und ewigen Moment noch lebt und ihn in seinem Körper spürt, der Mann in Weiß vergießt mein Blut, eine Frau kommt, um mir den Schweiß vom Gesicht zu wischen, und meine rechte Hand blutet, der Mann auf dem Gemälde wird jetzt sterben, er verkörpert im Grunde den Todesprozess, er ist diese Sekunde, die in mir ist, wie damals in Jerusalem und auch jetzt, die sprachlose Sekunde zwischen etwas und etwas anderem, Goya, zwischen Leben und Tod und umgekehrt, und ich stelle mir das Gemälde im Geiste vor, Goya kommt und ich bin mit ihm, und jetzt bin ich nur ich, vielleicht einfach ich selbst und fern jeder Zuordnung, mir ist gleich, wer mehr recht hat, der Schütze oder der Erschossene. Ein Mann zu Füßen des Mannes in Weiß, der in ein paar Sekunden tot sein wird, ist schon vor ihm gestorben, hatte recht und unrecht, denn der Tod hat nicht das Privileg von »war, ist, wird«, das ist eine Zeitachse, die im Leben des Todes nicht existiert. Sanftes Licht fällt auf den Mann in der Mitte, man sieht nicht genau, woher es kommt, diese Sekunden auf dem Gemälde, das sehr schwer zu malen ist, denn es ist schwierig, die Zukunft zu malen, die von der Gegenwart ausgeht und sich nicht katalogisieren lässt. Und diese Musketiere werden in kurzer Zeit aus der Welt verschwinden, auch ihre Kinder werden sterben, ihre Enkel desgleichen, kein Mensch wird wissen, wo sie begraben liegen, keiner wird wissen, was sie gemacht haben und wo sie es taten, und dennoch wird die Gestalt im weißen Hemd, der erschossene Mann mit den funkelnden Augen, mit den herausfordernden und unnachgiebigen Armen, wird dieser Mann im Augenblick seines Todes lebendig bleiben, eine Sekunde bevor sein Herz für immer verstummt, auf Goyas Gemälde. Goya hat den unermesslichen Zauber des schrecklichen Augenblicks eingefangen, der den Tod mit dem verbindet, was vielleicht nach ihm kommt, dem Leben.

Vor kurzem hat Miranda eine kleine Holztafel und einen dicken schwarzen Filzstift mitgebracht, und ich versuchte aufzuschreiben, was ich wünschte, brachte es jedoch nicht fertig. Dann schrieb Naomi das hebräische und das lateinische Alphabet darauf, und ich versuchte, Buchstabe für Buchstabe mit dem Finger anzuzeigen, und so verstanden sie manchmal, aber nicht immer, was ich wollte. Und nun ist es Abend, Sommer. Das Licht von draußen flutet nach und nach ins Zimmer und wieder hinaus. Eine Frau ist gekommen und hat mit jemandem geredet, vielleicht mit Miranda, sprach von den Bildern, die ich zu Tausenden auf Streichholzschachteln gezeichnet habe. Ein Arzt kam, um bei mir was zu untersuchen, und sagte, während ich tot war, seien bei mir gleichzeitig zwei Lungenentzündungen virulent gewesen, *Double Pneumonia*, nannte er das auf Englisch, was sich wie eine olympische Disziplin anhört, und fügte hinzu: »Sie haben das überstanden, wir haben Sie da herausgeholt«, aber ich blieb bei Goya, bei dem Mann im weißen Hemd, der mittlerweile ja gestorben ist, und ich weiß, ich rede von mir und der Krankheit und diesem ganzen Mist und von dem Schmerz und dem Überdruss, und dann bin ich über den ungeordneten Gedanken wohl eingeschlafen. Auch Miranda ist im Sitzen an meinem Bett eingenickt, und plötzlich wache ich auf, und mir ist schlecht. Ein Pfleger, dessen Namen ich vergessen habe, kommt, um mich auf die Seite zu drehen. Alle drei Stunden drehen sie mich, und sie haben mir beigebracht, auf der Seite zu schlafen, um Druckstellen zu vermeiden.

Ich spüre, dass ich im Kot liege, man riecht das Grauen sicher bis ans andere Ende des Krankenhauses, und es kommt eine Pflegerin, müde, mitten in der Nacht, mit »triefenden« Augen – das habe ich noch von Lehrer Blich behalten, der uns lehrte, hochgestochene hebräische und aramäische Wörter zu verwenden. Aber Miranda ist schon weg, und die arme Schwester rollt mich der Länge nach halb nackt an die Bettkante, zieht meine kotverschmierten Hände über den Rand, schält mich aus dem nassen und verdreckten blassblauen Morgenrock und spannt mich weiter wie auf einem Folterrad der Inquisition, lang gezogen wie Leder, das man zum Trocknen auf der Bettkante aufgespannt hat. Sie ruft eine weitere Pflegerin, die beiden zerren mich hoch bis zum Ende des Kissens, und ich liege auf der Seite und sehe in der Ferne etwas, das ich vielleicht nicht sehe.

Draußen sehe ich wieder Goyas »3. Mai«, er verlässt mich nicht, jetzt ist es ein Videofilm am Fenster mit den Tauben, und plötzlich empfinde ich Abscheu für jemanden, der ich ist. Bedauernswert, diese süße Frau, die mich jetzt pflegt, wo ich mich dermaßen schäme, meines Aussehens, meines Gestanks. Sie reibt mir Hintern und Leib ab, ein Pfleger kommt dazu, sie waschen mich gemeinsam und reiben mich trocken, und ich hasse mich und weiß auf diese Weise, dass ich tatsächlich da bin, dass ich im Grunde schon wieder lebe, und das Beatmungsgerät kreischt, und ich spüre die Hände in Handschuhen, die mich berühren. Jemand säubert jetzt die Wunde an meinem Bauch. Ein Arzt kommt, ich weiß nicht mehr welcher, und es kommt noch eine Schwester, und dann wieder die Behandlung, der Schmerz, die Schmach.

Und einige Zeit später, vielleicht einen Tag, vielleicht eine Woche, weinte ich innerlich, und zwei Kaugummi kauende Sanitäter hoben mich hoch, so wie man eine Katze beim Tierarzt hält, legten mich in eine Waschwanne und gingen. Zwei Pflegerinnen zogen mich aus und setzten mich nackt in der Wanne auf, mit all den Schläuchen und Infusionen an mir, und ich bin wie ein stinkender Kuchen in der Schüssel. Kauere zusammengesunken und sehe sicher aus wie eine Ratte. Die kerngesunden Pflegerinnen betrachten mich. Die eine ist Jemenitin, die andere nicht. Sie sprechen hebräisch, und das ist neu für mich, denn sonst läuft der Laden hier auf Russisch, und sie fangen an, mich zu waschen. Ich schrumpfe und werde kleiner, als ich bin. Ich bin eine Schande in der Wanne und versuche, nicht hinzusehen. Sie bewegen mich kräftig hin und her, haben starke Arme, übergeben mich von Hand zu Hand, seifen mich ein, schrubben, als wäre ich ein rauer Fußboden, fahren mir mit den Händen in Hintern, Nase, Ohren und zwischen die Schamteile, umgehen behutsam die Sonde und den Luftschlauch, spielen gewissermaßen Ball mit mir, ich werde von einer Seite zur anderen geschwenkt, und sie leisten weiter gründliche Arbeit, drehen mich um und erteilen mir Anweisungen, mich möglichst nach rechts oder links zu beugen, aber ich kann weder sprechen noch mich aus eigener Kraft hin und her bewegen. Eine von ihnen ruft einem vorbeikommenden Arzt zu: »Sag mal, regt der sich nicht?« – »Nein«, sagt der Arzt »er hat keine Muskeln«, und sie erwidert ärgerlich: »Warum hat uns das keiner gesagt?« – »So ist das halt«, bemerkt der Arzt und geht. Ich höre es und übersetze mir alles in die neue Sprache, die in meinem Innern geboren wird, die Übersetzung ist vielleicht nicht präzise. Als ein Arzt kam und meine Hand nahm und mit feiner Geübtheit einen Schnitt machte und eine Infusion legte, tat es mir weh, und er sagte, es tue ihm leid, dass er mir Schmerzen bereite, aber für mich hörte es sich an, als würde er sagen: »Ich werde es schaffen, Sie nach Hause zu bringen.«

Im Kopf höre ich ständig einen endlosen Liederreigen. Und dann plötzlich dieses Lied von Alexander Penn, »Der Weg kommt mir so weit vor, näher ist mir der Mond« – »Das Trinkerlied«, und ich hänge an den Schwingen des Liedes, baumle an Spinnweben, und eine Frau, vielleicht eine Ärztin, kommt und untersucht mich, und mein Vater Mosche lächelt und sagt: »Zutiefst richtig, Yoram«, und ich weiß, dass ich vorerst lebe, wie eine große Wurst. Und die Pflegerinnen, die Jemenitin und die zweite, die keine Jemenitin ist, aber auch keine Russin oder Araberin – arbeitende Israelis gibt es nur wenige –, sie spielen mit mir, und ich genieße ihre Arbeitsweise. Genieße ihre Gleichgültigkeit, ihre fehlende menschliche Nähe zu dem Insekt in der Wanne, das ich bin, ihre Gründlichkeit. Ich weiß, dass ich keinerlei Aussicht habe, jemandem zu beschreiben, was hier mit mir passiert, denn bis ich spreche oder sprechen kann, so mir die Stimme überhaupt wiederkehrt, wird es keinen mehr geben, dem ich es erklären könnte, und gewiss werde ich alles vergessen. Ich beobachte sie, sehe sie von unten, und das beschämt mich, und während der Wäsche in der Wanne denke ich, die Bazillen, die hier frei umherschwirren, haben sicher Schiss vor diesen stämmigen Pflegerinnen, und die Krankheiten nehmen Reißaus vor ihnen, denn sie sind stark und furchteinflößend. Und sie säubern mich, reden aber auch über die Party, auf der eine von ihnen, ich weiß nicht mehr, welche der beiden, die Jemenitin oder die, die keine Jemenitin ist, am Vorabend war. Sie sagte: »Hör zu, da gab's super Musik, und es war so ein bisschen schummrig und geheimnisvoll und sexy, und der, von dem ich dir erzählt hab, war ja so was von umwerfend, keine Frage, und der DJ aus Deutschland hat mir schöne Augen gemacht, und dieser Hübsche, ich meine, er hätte gesagt, er sei Rechtsanwalt oder was, auf den war ich total geil, und wir haben geredet, und er hat's gemerkt, der Typ hat einen dermaßen knackigen Po, hat ein bisschen gefummelt, war aber süß, hat mir gefallen«, und dann fügte sie hinzu: »Aber er hat auch Verstand, kann reden, also wir haben getanzt«, und auf einmal blickte sie mich an und sagte etwas bang: »Hör mal, mir scheint, dieser Yoram hört überhaupt.«

Ich höre tatsächlich. Ich liege zusammengerollt in der Wanne. Ich bedauerte, nackt und alt in ihren Händen zu sein, während ihnen knackige und erregende Pos im Kopf rumschwirrten, und schwieg, und sie fingen meinen Blick auf. Plötzlich dämmerte ihnen, dass sie jemanden pflegten, der offenbar mal ein Mensch gewesen war. Einen kurzen Moment brachten sie mir eine Spur Sympathie entgegen, und eine von ihnen sah mich an, als wäre ich nicht mehr Luft, als hätte ich einen Leib, und sie sagte, ich hätte kluge Augen und ich sei gescheit, und setzte hinzu: »Schau, der hat sicher auch mal einen aufregenden Po gehabt.« Darauf sah die andere mich prüfend an und befand: »Schwer zu sagen«, und die beiden trockneten mich ab. Und langsam und vorsichtig, als wäre ich aus besonders zerbrechlichem Glas, senkten sie mich wieder ins frischbezogene Bett. Als sie sich zum Gehen aufrichteten, bemerkte eine von ihnen, die Jemenitin oder die Nichtjemenitin, auf dem Nachtschrank ein Buch von mir, das kürzlich in Frankreich erschienen war und das Miranda mitgebracht hatte, um mir Freude zu bereiten. Auf dem Umschlag ist ein Foto von mir als junger Mann abgedruckt, denn das Buch behandelt meine Reise in mein junges Leben in New York und in Amerika, und die Pflegerin besah sich das Foto, sichtlich verlegen, entdeckte wohl auf einmal, dass ich tatsächlich ein Mensch bin, sah und verstand, dass ich mal jung war, und rief: »Schau, wie schön der mal gewesen ist, schau, was für eine Vergeudung, schau, wie das Leben ist! Wie alles vergeht.« Sie sah mich aufgedunsen und schwerfällig vor sich und schüttelte ehrlich betrübt den Kopf, wusste nicht, befürchtete nur, wusste nicht sicher, ob ich hören und ab und zu auch was verstehen konnte, und schloss: »Ach, wie schade, dass das Leben so ist.«

Sie gingen. Ich war müde, Kälte durchströmte meine Knochen. Eine Art Einsamkeit. Kein Mensch war bei mir in jenen Minuten, und ich versuchte, mit mir selbst zu sprechen, hatte aber keine Stimme. Auch keine innere. Ich hätte im Geiste den Reigen alter Lieder mitsummen können, die mir pausenlos durch den Kopf gingen, aber das Schweigen wurde mir beinah angenehm. Menschen fahren nach Indien, um zu schweigen. Mönche gehen ins Kloster, um zu schweigen, und ich habe, ohne irgendwo hinzufahren, zweieinhalb Monate im Ichilov geschwiegen, ohne indisches Essen und ohne Spiritualität, ohne Sinnsuche, ohne den heiligen Augustinus, ohne blöde Musik und vor allem – ohne Gurus. Das stille Selbstgespräch wurde für mich bedrückend. Ich wollte mich hören, nicht reden wurde zu stumpfsinnig. Ich dachte, so hat Beethoven sicher seine letzten Quartette und die 9. Sinfonie komponiert. Ich wollte immer schon verstehen, wie ein tauber Mensch so herrliche Musik schreiben kann. Jetzt, im Schweigen, begann ich zu begreifen. Die erzwungene Stille war schwer, aber auch richtig für mich. Wenn du schweigst, hörst du nicht auf, mit dir selbst zu reden. Ich versuchte, das System zu durchschauen. An Tagen, an denen ich nicht phantasierte, suchte ich Logik in der Unlogik des Schweigens. Schließlich lässt ein Kind, sobald es nur kann, als Erstes seine Stimme verlauten.

Unter Grübeln und Rätseln über die fortgegangenen Pflegerinnen verblieb ich mit dem Foto auf dem Nachtschrank am Bett. Ich konnte es nicht sehen, weil der Nachtschrank etwas fern stand. Ich meine, mein Kummer rührte nicht daher, dass ich jetzt unschön und verbraucht und abgetakelt aussehe, sondern daher, dass ich mich an die Vergangenheit erinnerte, in der ich mal so ausgesehen habe und es nicht wusste. Jetzt im Alter begreife ich, wer ich war, aber zu spät. Beim Sinnen sah ich im Geiste einen Kurzfilm, der vielleicht keine Phantasie war, nein, war er nicht, in der Phantasie war er nur begründet, und ich wusste, dass die Dinge wirklich geschehen waren, kann das aber schwer verstehen. Eine junge Israelin, deren Namen ich vergessen habe und die aussah wie eine Filmschauspielerin, deren Name mir auch entfallen ist, kam zu Besuch nach Israel, weil ihre Mutter gestorben war, und als sie die Wohnung ihrer Mutter in der Zlatopolsky-Straße auflöste, fand sie die Wand mit meinen Fotos, die ihre Mutter in der Zeitschrift »Monitin« gefunden hatte. Wie ich erfuhr, hatte ihre Mutter die Fotos gern angeschaut, vermutlich auch aus Hass, sagte die junge Frau, denn die Mutter hatte Schönheit gehasst, Schönheit geneidet, der Schönheit nicht getraut, hatte schöner sein wollen, als sie war, »obwohl sie sehr schön war«, sagte ihre Tochter aus den Vereinigten Staaten, wohin sie vor ihrer Mutter geflüchtet war, und erklärte, sie selbst verabscheue Schönheit, habe sich aber in die Fotos verliebt und auch in die sonderbare Liebe ihrer Mutter. Wir begegneten einander, ich war schon in sehr fortgeschrittenem Alter, wir trafen uns im »Siegel«, dem Club von Sohara, die zu den fernen Eilanden gefahren war, und die junge Frau kam zufällig dorthin, fand mich, sah mich an, war wütend, dass ich so aussah, wie ich aussah, und ging verärgert weg. Später schrieb sie mir einen hasserfüllten Brief, in dem es hieß, ich hätte ihr den schönen jungen Mann umgebracht, den sie und ihre Mutter liebten, und wie hätte ich ihr das antun können. Das lag mir auf der Zunge, ich wollte es den beiden Pflegerinnen mit dem knackigen Po erzählen, aber die waren schon weg, und auch wenn sie nicht weg gewesen wären, hätte ich es ihnen nicht erzählen können, weil ich keine Stimme hatte, und selbst wenn ich eine Stimme gehabt hätte und es ihnen hätte erzählen können, bin ich nicht sicher, ob sie die Wut der jungen Frau verstanden hätten, die Feuer und Schwefel spie, wütend war, dass ich ihr eine große Liebe zerstört hatte, und mich als Mörder bezeichnete.

Ein Jahr nach meiner Genesung stattete ich dem Krankenhaus einen Besuch ab, wollte einfach sehen, wo ich gewesen war, und erfuhr, dass ich die ganze Zeit in Phantasien gelebt hatte. Ich kam mir vor wie der Mönch, der nicht weiß, ob er träumt, ein Esel zu sein, oder ob er ein Esel ist, der träumt, ein Mönch zu sein. Aber ich erinnerte mich auch an Dinge, die gewesen waren. Sehr wohl gewesen waren. Stimmt, ich wusste nicht immer, wo das eine anfing und das andere aufhörte, aber ich kam mir vor wie in einem Becken voll objektiver Einsamkeit.

Von meiner Mutter Sarah hieß es, sie werde wissen, wann sie am besten sterben solle. In ihren jungen Jahren hatte sie mich öfter gebeten, mit ihr ihre Eltern zu besuchen, die zu zwei Seiten des Totengartens in der Trumpeldor-Straße begraben liegen und einander so fern waren, dass sie in großem zeitlichem Abstand starben, und so gingen wir gemeinsam auf den Friedhof. Meine Mutter Sarah wollte ihre Mutter und ihren Vater und ihre toten Freunde besuchen. Am Leben waren nur noch Miriam G. und Elischewa, die mein Vater Elischmone nannte, sozusagen Eliacht statt Eli-sieben. Am Rande des Totengartens liegen Kinder, Nichtjuden, eine jüdische Hure aus Jaffa, die einen Araber geheiratet hatte, und viele »Alleinstehende«. Meine Mutter Sarah hielt dann an einem Grabstein inne und sagte wie zu sich selbst, in ihrem traurigen und ehrlichen Schmerz, in dem Gefühl, ihr Leben lang betrogen worden zu sein, und in unverhohlener Freude darüber, dass ich es mithörte: »Siehst du, Sarah? Du hast recht behalten. Sie sind gestorben und haben dich im Stich gelassen.« Vielleicht lag auch eine Spur Rachlust in ihrer Stimme, und sie blieb an den alten Grabsteinen stehen und sagte: »Oh, sie hat Leben im Garten gefunden, oh, da liegt Manya, hier ist Mutter, hier liegt Sheinkin – dort der Lehrer Bograshov und hier Sheinkin –, und weißt du, dass Sheinkin derjenige war, der Tel Aviv Tel Aviv genannt hat? Es gab in Babylon einen Ort, der Tel Aviv hieß, das steht in Hesekiel, und da ist Achad Ha'am …«

Die meisten Namensgeber der Straßen im alten Teil Tel Avivs liegen ja dort begraben, ihre Gräber sind vernachlässigt, uneben. Das Grab meines Großvaters, der 1917 gestorben ist, sieht schlecht und bröckelig aus. Meine Mutter Sarah wollte es instand setzen, denn sie liebte ihn ungeheuer, ihren Vater, der sie betrogen hatte und so jung gestorben war. »Aber man renoviert nicht die Grabsteine der Großeltern«, erklärte ich ihr, und sie lächelte mich traurig und mitleidig an. Auf einem Teil der Grabsteine steht nur das eine Wort »Galmud« – Alleinstehend. Ein junger Mann ist von Bord eines Schiffes gegangen, und wer weiß, wo er gewohnt hat, vielleicht ist er bei den arabischen Unruhen von 1936 umgekommen, oder vielleicht ist er bloß so gestorben. Seither liegt er unter dem Schild »Alleinstehend« begraben. Er ist in die Stadt gekommen und hat vielleicht nicht bei den Unruhen von 1936 gekämpft, sondern wurde von einem Querschläger tödlich getroffen, vielleicht hat er sich erschossen, weil er sich in die Tochter eines Großbauern in Nes Ziona oder Petach Tikwa verliebt hatte, vielleicht war er einfach nur gekommen, um in unserem Land zu sterben, und man wusste nicht, wer er ist, und schaufelte ihm ein Grab, und was hätten sie schon schreiben sollen? »Alleinstehend«. Jahre später begann man »Almoni« – Namenlos, zu schreiben, aber das Wort »Galmud« ist kraftvoller. Der Namenlose ist namenlos für andere. Es gibt Menschen, für die er namenlos ist. Alleinstehend ist er für sich selbst. Wie einsam es ist, nur für dich allein alleinstehend zu sein. Wie bei den Amerikanern: Nur Gott allein bekannt. Was könnte schließlich trauriger sein als ein Grabstein, der nicht nur auf der Leere ruht, die einmal ein Mann oder eine Frau ohne Namen gewesen ist, sondern auf jemandem, bei dem niemand weiß, ob irgendwer auf ihn wartet. Ich bleibe mit meiner Mutter Sarah am Grab von Max Nordau stehen. Heute fragen junge Leute vor seinem imposanten Grabmal, das majestätisch wirkt, als wäre er Staatspräsident gewesen, wer denn dieser Mann war, der so einen großen Grabstein bekommen hat. Die Nordau-Allee als Niemandsallee. Und das ist traurig, aber ich meine, dass ich kein Recht habe, traurig zu sein, dass ich ein froher Toter sein möchte.

Nach den Besuchen auf dem Grundstück der dürren Knochen in der Trumpeldor-Straße – dem schönsten Ort in Tel Aviv, einem Museum für schöne und kühne Kunstwerke, mit den Namen der toten Dichter, mit den Gedichten, die über den Grabplatten in die Luft geschrieben wurden, und meine Mutter Sarah hatte recht, es ist ein Vergnügen, dort zu sterben, inmitten von Grabsteinen mit netten und auch traurigen Inschriften, über verstorbene Kinder, über einen Mann, der eine geliebte Frau verloren hat, über einen, der aus Versehen getötet wurde und den seine Frau bittet, den Himmel um Vergebung für sie anzuflehen, weil sie noch lebt –, nach diesen Besuchen pflegte meine Mutter mich zu einer Tasse Kaffee, die sie »ein Glas Kaffee« nannte, in das ungarische Kaffeehaus in der Ben-Jehuda-Straße unweit der Trumpeldor-Straße einzuladen. Der Kellner war wie ein ungarischer Offizier gekleidet, mit Fliege, etwas schwärzlichen Manschetten, Anzug und Weste, ob heiß oder nicht, Ungarn in Palästina. Schmaler Oberlippenbart. Der Mann beugt sich leicht vor, eine weiße Serviette über dem angewinkelten, sanft vorgeschobenen Unterarm, wartet mit ausgesuchter Höflichkeit und verbindlichem, aber unpersönlichem Lächeln auf die Bestellung eines Truthahns mit Goldstaub oder eines Filets Mignon mit Pilzsoße und Pfefferminz.

Er blickt uns an, und wir bestellen Kaffee, Nescafé, und da *Nes* auf Hebräisch auch »Wunder« bedeutet, denke ich mir: »Das Chanukkawunder des Totengartens.« Wir trinken den rauen, einfachen Nescafé, etwas anderes gibt es nicht, und meine Mutter beschließt, das zu sein, was sie als »kühn« bezeichnete, und bestellt auch trockenen Kuchen. Da sitzen wir also mitten in diesem Ungarn, an der Wand hängen alte ungarische Zeitungen an Bambusstangen, und eine kleine, fröhliche Frau liest eine deutsche Zeitung. Meine Mutter redet von dem Grabmal für Brenner und seine Genossen, die 1921 bei den arabischen Maiunruhen ermordet wurden: »Dreiundzwanzig Leichen. Wir waren junge Menschen auf dem Hof des Gymnasiums, und man brachte die Leichname und legte sie auf den Sand, sie waren so zerfetzt, dass man sie nicht einzeln identifizieren konnte, und deshalb haben wir sie mit Leichentüchern abgedeckt und später in einem Gemeinschaftsgrab beigesetzt. Und was ist heute? 1984? Wie viele Kriege hat es seither gegeben? Es ist anscheinend ein und derselbe verfluchte Krieg, von der Balfour-Erklärung bis zum heutigen Tag und bis in alle Ewigkeit, nur verschiedene Gefechte. Da sieh mal, was ich dir und deinen Töchtern vererbt habe, mein lieber Yoram.«

Ich kehre zu meinen Gebrechen zurück, und um mich her geschehen Dinge. Leute gehen vorbei. Schwestern hantieren. Ärzte kommen und gehen. Die Frau, die sauber macht, sieht mich an, eine sehr kleine Frau mit vielen Runzeln, obwohl sie nicht alt ist, und unter den Runzeln hat sie ein hübsches Gesicht. Sie versteht kein Hebräisch, macht gründlich das Zimmer rein und gelangt an mein Bett, bückt sich, putzt behutsam um meinen Sarg herum, streichelt mit einem gelben Handtuch die Waden des Bettes, nimmt sich vor den Schläuchen und Kabeln in Acht, staubt sogar den riesigen Gasballon ab und blickt mich freundlich an. Wenn du halb tot bist, lieben dich auch Putzfrauen, die, wären sie in Russland geblieben, sicher Ärztinnen geworden wären. Ich sehe einen wachsenden Fleck über mir an der Decke, und der Fleck fasziniert mich. Die Putzfrau sagt »Schalom«, wechselt den Müllbeutel im Papierkorb und zieht mit ihren Besen ab. Und der Fleck scheint mir zu sagen: »Du bist Scheiße.« – »Warum bin ich Scheiße?«, frage ich, und darauf gibt es so viele Antworten, dass es gar keine gibt. Also beobachte ich den Pfleger, der mit Nahrung kommt, die über die Sonde zugeführt wird. Ich denke mir, dass die Menschen einander hier nicht anschauen. Jeder gleicht einem Seidenraupenkokon, dem schließlich ein lebendiger Falter entschlüpft. Die Kokons sind einander gleichgültig, und ich bin verstört, weil ich niemals so erkranken wollte. Ich hatte gedacht, ich würde an einem Herzanfall oder einem Hirnschlag sterben, und ich hatte ja auch einen leichten Hirnschlag, das Gefühl ist mir bekannt, aber Krebs ist eine andere Geschichte, der ist unbegreiflich, und ich frage tonlos einen der Pfleger, ob er weiß, warum man uns hier am Leben erhält, warum man uns hartnäckig kurieren will. Menschen seufzen, und wenn einer von denen, die früher mal durch die Stadt kamen und starben und im Totengarten an der Trumpeldor-Straße verschwanden, heute wieder aufleben und schreiend seinem Grab entsteigen würde, würden die Immobilienhaie der Siechen sich ja auf ihn stürzen, ihn mit Zweihundert-Schekel-Scheinen bepflastern. Er könnte allein von dem Geld reich werden, das er für seinen begehrten Begräbnisplatz in diesem prominenten Totengarten bekäme, in dem so viele begraben liegen möchten. Sein Alleinstehen würde über die Gleichgültigkeit siegen, über die Tatsache, dass ihn tatsächlich kein Mensch vermisst, keiner nach seiner Familie geforscht hatte. So ist das nun mal.

In einer schweren Nacht, die schon gegen Abend begann, war ich furchtsam und schwach, und Miranda sagte, sie müsse gehen und auch Naomi könne nicht über Nacht bleiben. Ein Arzt kam und sagte, sie hätten was Gutes bei mir entdeckt. Er erklärte die Sache, aber ich verstand sie nicht. Mein Freund Jay, der Herzverpflanzer, kam und erklärte etwas. Ich weiß nicht mehr, was. Miranda kommt und geht wieder, und ehe sie geht, sagt sie ein Wort, das ich nicht hören kann, und ich sehe – sehe, wie es scheint, tatsächlich – eine Träne über ihre Wange rinnen, und ich versuche zu erfassen, über welche Wange sie rinnt. Nach einiger Zeit, vielleicht einem Tag, vielleicht zwei Tagen, höre ich plötzlich in der großen Stille die Bühnenmusik von »Adam Hundesohn« im Gesher Theater. Ich nehme an, das Zirkuszelt steht jetzt, wie in den vergangenen Jahren, nicht weit von hier, auf dem Museumsvorplatz. Etwas mischt sich in die Klänge. Wir haben heute wohl Holocaustgedenktag. Jenseits der Wand ist tatsächlich alles still. Man kann die Stille draußen hören, deshalb klingt die Musik so einsam.

Und ich träumte, ich sei ein Mönch in der Wüste, denn vermutlich wollte ich Balzacs Ausspruch zitieren, dass die Wüste Gott ohne Menschen ist. Und ich sage den Satz, aber kein Mensch hört es, schlage mühsam ein Auge auf, kann mich gut an die Anstrengung erinnern, als hätte ich einen Kran gebraucht, um das Lid anzuheben. Ja, ich erinnere mich an die lastende, für mich aber wohltuende Müdigkeit, eine kleine Heimat, eine Art Skulptur, die im Wasser geschaffen wurde, und ich möchte etwas sagen über den Willen zu schlafen und über die Ruhe für den Erschöpften, und eine dicke Decke von Wohlbehagen und Stille breitet sich über mein Gesicht. Ich huste, und ein einziges Aufhusten löst eine lange Folge elektronischer Seufzer des Beatmungsgeräts aus. Ein Umdrehen auf die Seite entzündet geräuschvoll Lichter, die das Flimmern der Monitore aufmischen. Mir dringt eine Art Leuchtstab in den Kopf, ich höre Trommeln, Trompeten, Schreie im Stillen, und ich möchte diese deutschen Lieder summen, und auf einmal bin ich nicht da, sondern bei meinem Vater Mosche, der krank hier unten liegt, obwohl das Gebäude, in dem er gelegen hat, längst ersetzt worden ist.

Ich sehe meinen Vater Mosche im Fahrstuhl hinunterfahren. Er nimmt ein Taxi zur Ben-Jehuda-Straße, geht die Straße entlang und sucht seinen Freund Ernst. Hält vor der Speisegaststätte »Martef Rischon«, die längst eingegangen ist, trägt ein Cordhemd mit einer Menge Taschen für Tabak und Pfeife, eine Flanellhose und eine bestickte lila Krawatte und auf dem Kopf wie immer ein schwarzes Barett. Ich habe mich nicht nach ihm gesehnt. Ihn nie verstanden. Er ist vor dreißig Jahren ohne meine Sehnsüchte gestorben. Als er jung war, hat er diese deutschen Lieder in den Clubs brutaler Nazis gespielt, und jetzt sehne ich mich nach ihm. Nach der Chronologie des Lebens hätte meine Krankheit eigentlich zu ihm gehen müssen. Kreisläufe können nicht in der Luft hängenbleiben. Sie müssen sich schließen. Ich und mein Vater Mosche. In der Hand hält er einen Spazierstock, den er gar nicht braucht. Auf dem Stock sitzt ein lackierter Knauf, glatt und angenehm anzufassen, und seine Augen lachen in seiner bitteren und komischen Traurigkeit. Er war ein kluger Mann, der sich selber ächtete, in sich das grandiose Scheitern seines geliebten Wilhelm Tell suchte, ein Kenner wider sich selbst und ein ziemlicher Snob, und wie der verrückte Max sagte, war er sowohl komisch als auch tragisch.

Ich schlafe vielleicht. Aber nicht wirklich. Ich sehe ihn neben mir stehen. Hier in meinem Gefangenenbett im Isolierraum. Mein Vater Mosche betrachtet mich mit seinen schönen, sanften Augen, aber auch mit der gischtenden Winterbrandung, deren Rauschen auf der Schallplatte mit den Liedern erklingt, die pausenlos in meinem Hirn abläuft, im Verein mit der Musik zu »Adam Hundesohn«, und ich würde all das Miranda erzählen, aber sie ist jetzt nicht hier. Ich liege da wie ein betrunkenes, aufgedunsenes

Nilpferd. Kann nicht mal auf die kleine Tafel schreiben, was ich zu wollen oder wünschen meine. Die Hände lassen sich kaum bewegen. Die Müdigkeit gleicht einem schweren Versinken in etwas, das in meiner Einbildung wie ein riesiger schwarzer Schoß war, und ich sehe mich als einen, der sogar den Schlaf sehen kann.

Aber bange und erschreckende Sehnsüchte konservieren meinen Vater Mosche immer noch in schwarzen oder braunen Schuhen. Er besitzt immer zwei Paar, in Schwarz und Braun. Auf Hochglanz poliert. Er steckt dünne Pappstücke, die er aus einer Tabakschachtel zuschneidet, beiderseits in die Schuhe, trägt Schuhcreme auf, verreibt sie mit einer braunen Bürste für die braunen, einer schwarzen für die schwarzen und poliert. Es steckt keinerlei Logik hinter der Entscheidung meines Vaters Mosche, welches der beiden Paare er gerade anzieht. Er wacht frühmorgens auf, hört die BBC-Nachrichten, liest kurz Goethe oder Heine, blickt auf seine Schuhe, die die ganze Nacht auf Spannern verbracht haben, streift das Netz von den Haaren, und dann trifft etwas Verborgenes in ihm die Wahl. Dem Anschein nach völlig beliebig, aber es muss doch ein System geben. Betrachteten meine Schwester Mira und ich seine Schuhe, wenn sie bereits an seinen Füßen waren, wussten wir, dass er die gewählte Farbe im Sinn gehabt hatte, oder die Farbe hatte ihn gewählt. Und wo findet man heute überhaupt noch Schuhspanner? Wer benutzt heute ein Haarnetz? Er ärgerte sich über die Polen und die Iraker mit ihren Pyjamas auf den Balkonen gegenüber, das war, als wir im Viertel Kirjat Meir wohnten und er nachts ausging und auf Blechkanister schlug, um die Schakale zu vertreiben. Und er pflegte zu sagen: »Die Nachbarn haben wildes Haar, Yoram«, und: »Jetzt ist es halb sieben oder halb acht«, und: »Ich möchte mit dir reden«, alles mit deutscher Wortfolge im Hebräischen.

Er ist seit dreißig Jahren tot, und ich liege in dem Krankenhaus, in dem er gestorben ist, aber nicht in demselben alten Gebäude, und er ist bei mir, lebendig und viel jünger als ich, und sagt zu mir: »Yoram, Yoram, es ist jetzt halb sieben«, und: »Noch einen kleinen Moment«, und: »Noch eine kleine Stille«, und er sagt immer zu mir: »Zutiefst richtig«. Ich sehe seine sanften Augen und weiß nicht, was ich sehe. Ich habe nie einen Menschen gekannt, der so sanfte Augen hatte wie mein Vater Mosche. Meine Mutter Sarah hatte feuersprühende Augen, in denen meines Vaters Mosche lagen Sanftheit und Ruhe und ein tiefverwurzelter Kummer. Und in diesen meinen letzten Tagen habe ich erstmals im Leben das Gefühl, ihn wirklich zu berühren, ihn zu verstehen. Ich spüre, dass ich mich von ihm verabschiede, denn jetzt werde ich ja gemeinsam mit ihm sterben, nicht nur gegen ihn wie meine Mutter, die wider ihn, wenn auch nach ihm, gestorben ist, und dann werden wir beide tot sein und können uns von Neuem treffen. Ich schließe mich nun gerade ihm an, obwohl er doch mit zweiundsiebzig Jahren gestorben ist und ich schon fünfundsiebzig bin.

Mein Gedankengang lenkte mich von ihm hier im Krankenhaus hinüber zu unserem Haus in der Ben-Jehuda-Straße 129, und ich sah Jona, die lustige, schwarzhaarige Waschfrau, für meinen Vater dasitzen, der nicht erfasste, dass er Leib und Geruch einer jemenitischen Wäscherin auf dem Dach mögen könnte. Aber jedes Mal, wenn sie kam, um ihn anzulächeln und auf dem Dach sitzend Wäsche zu waschen, fand er einen Vorwand, aufs Dach zu steigen, sich mit ihr über den herrlichen Duft der Kernseife zu unterhalten und ihre gespreizten Beine unter dem blassgrünen Unterrock zu betrachten, der wie eine Hose aussah. Hier, am Eingang zum Isolierzimmer, wittere ich den Wäschegeruch, erinnere mich, wie ich ihr zuschaute und gern wollte, dass mein Vater Mosche Liebe fände, nachdem er meine Mutter angeschaut hatte, sie jedoch nicht zu sehen vermochte. Doch plötzlich gerät die Waschfrau Jona in Bewegung, sagt mir, ich würde mal ein großer Mann, beugt sich tief über die Waschwanne und rührt ein Tütchen Bleiche in das siedende Wasser auf dem großen Primuskocher, der ächzt und bollert. Sie verströmt den Duft einer Strandblume, die ich mal am Meer gesehen habe, duftet nach Zitronen und Rosen und rührt die Wäsche und arbeitet schwer, im breiten Schneidersitz, schlägt die Kleider, rubbelt sie auf einem Waschbrett, und mein Vater Mosche steht ihr gegenüber, rührt sich nicht weg von ihr, redet Unsinn und trägt einen Anzug, auch ihretwegen, raucht eine lange Krummpfeife, die die halbe Distanz zwischen Jona und ihm überwindet, und sie schnuppert den Tabakduft und lacht und sagt zu ihm: »Luschtig, Herr Kaniuk«, und ich sehe, dass er für den scharfen Geruch ihrer Sauberkeit schwärmt, alles ist so rein und schön. Und im Geiste singe ich die alten Lieder: »Erde, meine Erde« und »Luschinka, Luschinka« und »Flamme, schlag hoch, Flamme« und »Spiel die Zither« aus dem Gorki-Stück, das immer am 1. Mai aufgeführt wurde, und »In der Stille« und »Herbstlaub« und »Moskauer Nächte« und »Wenn du mich lieb hast« und »Der Granatapfelbaum« und »Birg mich unter deinen Schwingen«, wie meine Mutter Sarah es mir vorgesungen hat, und »Auf den Feldern Bethlehems«. Und immer in derselben Reihenfolge, in derselben Intonation, ohne den verbundenen Mund aufzutun, singe ich weiter die Texte, ohne sie zu kennen, aber zum Glück kennen sie sich selbst.

Ich weiß, es kann nicht angehen, dass ich mit Chana oder Bracha oder mit Jona, der Waschfrau, auf dem Dach des Hauses stehe, in dem wir vor siebzig Jahren gewohnt haben. Aber ich meine, dass Alexander Penn, der einen Teil der mir im Kopf ringelreihenden Lieder gedichtet hat und mittlerweile längst tot ist, vielleicht doch noch in einem anderen Stockwerk dieses alten Gebäudes im Sterben liegt, ohne Beine wegen seiner Zuckerkrankheit, dieser schöne Mann und Frauenheld, der die Worte schrieb: »Erde, meine Erde, barmherzig bis zu meinem Tode, viele Winde dörrten deine Öde, dir verlobte ich mich mit meinem Blute, das rot verströmte auf den Hügeln von Scheich Abrek und Chartiya.« Ich liebe dieses Lied in dem Reigen, der mir im Kopf klingt, dem dauernden Liederkreis, und ich frage Alexander Penn – ich kannte ihn nur von fern, aber als ich von seinem schlimmen Zustand erfuhr, begann ich ihn hier, in diesem Krankenhaus, zu besuchen, und war gebannt von der schrecklichen Wut, die in ihm brodelte, seinem Willen, gut auszusehen, wo er doch so elend war – frage ihn, wie ein antizionistischer Kommunist wie er es fertigbringe, dem Land Israel ein derart zionistisches Liebeslied zu schreiben. »Dort im Land, das den Vätern so kostbar, werden alle Hoffnungen wirklich«, wie es in dem alten Lied heißt? Und was für ein Bruch ist am Ende daraus geworden, und mein Vater Mosche tätschelt mir den Schädel, und ich singe im Geiste weiter, habe die Lieder im

Kopf: »Kalinka, Kalinka«, »Tulpen«, »Alles für die Gemeinschaft«, »Zwischen drei und vier«, »O wie schlecht ist mir, schlecht ist mir, so was gab's noch niemals hier, auf einmal verliebte ich mich in eine nackte Tulpe«, und ich sang innerlich das Wichtigste: »Alles war so schön« und »Was schert's *ja*, was schert's *nein*, in den Dörfern werd ich übernachten, hab ich Brot, hab ich keins, wer mag darauf achten«, und das stammt von Schlonski, der mir in den Kopf schrieb: »Mit Blitz und Donner traf sie das Gewitter, in Flammenschrift Zeichen, Zeichen, Zeichen, und schon stand der Sturm am Rand des Waldes, und sie verschlossen sich, sahen nicht«, und Penn antwortet, das Land Israel ist meins, wie es eures ist, die Liebe zu seiner Erde ist unpolitisch, sie ist unser aller Wahrheit, und wen schert's, ob ich Brot hab oder keins. Er war ein schlichter Mensch, Tausende waren wie er, und wen schert es, was war und was ich im Leben getan habe, ich mit dem Krebs, diesem nackten Halunken, der sich bei mir eingenistet hat, weil er tatsächlich glaubte, mich erledigen zu können. Elitesoldaten der Arabischen Legion haben bereits versucht, mich zu erledigen. Literaturkritiker haben es versucht. Siedler desgleichen. Soll ich dann etwa fürchten, dass ein gammliger Krebs, der auf Ameisen reitet, mich unterkriegt?

Ich verlasse abrupt das Krankenhaus und stehe mit einem Trupp Jungs in weißen Matrosenuniformen an einem roten Autobus, über den mein Vater zu singen pflegte: »Am Schabbat gibt's kein Tageblatt, kein roter Bus durchfährt die Stadt, Schule und Kinderhort haben zu, und das Museum ist auch tabu.« Nathan Alterman war er nicht gerade. Der rote Autobus war ein Stadtbus der Kooperative »Hama'avir«, die heute »Dan« heißt, und bald wird man die Busgesellschaft BIG nennen, weil das den bescheuerten Israelis richtiger, internationaler klingt, so wie YES und HOT, unsere Satelliten- und Kabelfernsehgesellschaften. Wir stehen also an dem roten Bus, vor der schwarzen Kathedrale nahe der Ecke Dizengoff- und Frischmann-Straße. Wir sind unterwegs zum Seemannskurs in Caesarea, anno 1947, und das sagt man mir streng vertraulich, denn die Briten sind noch im Land, und es geht um Kurs neun der Paljam, der Marinetruppe der Palmach, und wir sollen illegale Einwanderer auf den Schultern an Land tragen. Wir haben doch schon vom ersten Lebensjahr an deklamiert: »Schiff, o Schiff, was bringst du uns mit, Pioniere bring ich euch schnell, mit Rucksack und Wanderstab ins Land Israel« und »Stürmisches Schiff auf stürmischer See« und »Ein Schiff fährt ruhig«. Bei mir war auch Arie Ironi, gemeinsam haben wir einen Staat gegründet für Benni Maraschek, der selbst im Schlaf noch schrie und einen Staat und heroische Kämpfe wollte und diese Erde liebte und kaute und Kulturoffizier war und sieben Schallplatten von Beethovens 7. Sinfonie in drei Teile brach, damit jedes Bataillon Anteil an der Kultur bekäme. Er wollte einen hebräischen Staat. Warum ihn dann nicht für ihn gründen?

Unterwegs zum Kurs neun also, vor dem schwarzen Gebäude, das einige Zeit später die Kammerspiele beherbergen sollte und heute das Theater Bet Lessin ist, das früher mal in der Lessin-Straße war, und als weiter nördlich noch Pionierinnen ihr Haus bewohnten und dahinter eine Gärtnerei betrieben, nahe dem früheren Zoo, am Ende des Hadassa-Parks, da sahen wir jung aus, doch vor unseren Augen erschienen wir, wie in einem bittersüßen Film, als die alten Leute, die wir heute sind. Arie, dieser schöne Mann, klagt über Nierensteine und eine Bypassoperation. Hört auf dem einen Ohr nicht mehr. Sieht mit beiden Augen verschwommen. Wir treffen uns und mustern einander. Mit unseren alten Augen. Uns wird man nichts vormachen. Wir erfassen sofort, wer krank ist und was er hat. Prüfen auch die Zeit. Sie steht uns ins Gesicht geschrieben. Versuchen herauszufinden, wer eher sterben wird, er oder ich. Wenn er zuerst stirbt, muss ich zu seiner Beerdigung gehen, und es würde ihm ähnlich sehen, mitten in einem Chamsin zu sterben, er hat ja immer versucht, uns allen eins auszuwischen. Dann trotten wir verloren in der staubtrockenen Hitze, um ihn in einem fernen Totengarten beizusetzen, und betrachten einander. Arie ist krank, er weiß es, wir wissen es, aber er mimt den Kraftmeier, nicht nur er, wir alle. Es tat mir leid um ihn, er war mal so jung und schön. Und noch eine herrliche Zeile von Penn kam mir plötzlich in den Sinn: »Fieber der Chamsine«. Und ich blickte vor mich hin, sah mich, den Alten und Geplagten, und auch die jungen Männer, die wir mal waren, und Arie sang: »Arie, Arie, steh auf und melde dich zur Jüdischen Brigade.« Egal, ob das nun geschehen ist oder nicht, hatte ich das Empfinden, dass unser gemeinsames Singen in diesem Land eine Art Leim war. Eine Religion. Das ist die Synagoge.

Ich schaue. Miranda schläft. Ist müde, die Ärmste. Ich mache sie verrückt mit meiner Stille und der stummen, flehentlichen Bitte, die ganze Zeit bei mir zu bleiben. Auch meiner Schwester Mira sind die Augen zugefallen, und meiner Naomi, die mir so viel Gutes tut. Ich meine, hier in Israel weinen wir gemeinsam dank der Lieder, vorwiegend russischen Ursprungs, mit denen wir aufgewachsen sind und die wir mit chassidischer Hingabe gesungen haben. Unsere Vorfahren waren Chassidim, wie weit kann man sich entfernen? Und ich versuche mich zu erinnern. Wo bin ich? Wenn ich hier im Krankenhaus liege, wie kann ich dann eben noch vor der prächtigen Kathedrale aus dem 13. Jahrhundert gestanden haben, wie mir der Theaterbau in der Phantasie erschienen war, in der Frischmann-Straße, benannt nach David Frischmann, der auf Polens Feldern Wüstengeschichten schrieb und in Warschaus Straßen den Geruch des Ödlands und der trockenen Flussbetten kannte? Damals, als wir dort standen, war der Unabhängigkeitskrieg gerade zu Ende, und heute bin ich gar nicht mehr sicher, dass das alles tatsächlich geschehen ist. Wir waren doch durch das belagerte Jerusalem gegangen und hatten gerufen: »Wenn wir sterben, begrabt uns in den Bergen am Bab el-Wad«, und der alte Jecke mit der Schirmmütze von der Heimwehr sagte darauf: »Ruhe, Jungs, ihr nicht sterben am Bab el-Wad, ihr sterben hier, in der Jaffa-Straße.« Und wir sagten zäh und traurig, nach dem Krieg würden wir uns in der Telefonzelle am Mugrabi-Platz treffen, bei dem dicken jeckischen Würstchenverkäufer, dem man, um ein Würstchen zu erhalten, stets versichern musste, dass Goethe größer war als Shakespeare, dort wo früher das sogenannte »Amt für die Betreuung von Soldaten, die ihre Einheit unverschuldet verlassen haben« war.

Auf einmal sehe ich Mirandas schöne Augen, und vor mir erscheint ein rundes Zelt, in Tel Josef, und auf die Zeltplane hat ein gewisser Amos geschrieben: »Ich bin der Glanz, ich bin das Gloria, ich, der Unterzeichnete, Amos der Dummkopf, der Prahlhans.« Und wir gingen aufs Amt in der Allenby-Straße, geradewegs von der Telefonzelle am Mugrabi-Platz, unmittelbar nach den Gefechten und Jerusalem und den Toten, betraten eine Amtsstube, und dort fanden sich die Papiere, auf denen ein Arzt in Jerusalem meine Verwundung detailliert beschrieben hatte, und auf der Stelle rekrutierten sie uns für die neue Armee, die schon Zahal hieß, und im selben Atemzug entließen sie uns wieder aus diesen Streitkräften und übergaben uns sieben Pfund Sold rückwirkend für die Monate, in denen wir gekämpft hatten. Und wir gingen ins Café Pilz am Strand und sangen mit Menaschke Baharav diese Lieder, die mir unaufhörlich im Hirn rumoren. Sie sind wie das Fieber der Chamsine, und wieso kannte ich damals diese Zeile nicht?

Miranda wacht auf. Naomi sitzt neben mir. Stille. Ich habe geschlafen. Naomi erinnert sich an den Vorabend des Gefallenengedenktags vor einigen Tagen oder einer Woche. Ich lag verwirrt da, die Zahnräder meines zerstörten Gehirns knirschten im Getriebe, ich dämmerte halbwach und begriff nicht, warum und wieso plötzlich die Gedenksirenen heulten. Ich fühlte mich wohl etwas Größerem verbunden als mir und diesem Krankenhaus und meinem bepissten Tod, sang im Geiste fast jubelnd das »Nehmt, o nehmt, ihr Berge Efraim, ein neues junges Opfer an«, und Naomi weiß noch, dass ich beim Einsetzen der Gedenksirene zitterte, mich nicht straffen konnte. Naomi sagt, ich hätte versucht, die Rechte zu heben, und es letzten Endes tatsächlich geschafft, die Hand ein paar Millimeter zu strecken. Sie sagt, mir seien Tränen aus den Augen geronnen, und ich erinnere mich jetzt, dass die Tränen langsam rollten und durch die Spalten der Finsternis krochen, ich für einen Moment den Ort verließ, an dem ich mich befand.

Naomi sagt, es sei rührend gewesen, wie ich versucht habe, meinen toten Kameraden von Har'el zu salutieren. Ich erzähle ihr im Herzen, wem ich salutiert habe: Menachem und dem Pferd und Nachum Arieli, bei dem ich sah, wie er am Kastel getötet wurde, und ich salutiere Posa, dem tapferen Helden, Sohn von Posnanski, einem Menschen des Geistes in Israel, und Amos, dem Dummkopf, und Iska, dem Partisanen.

Nach Iska sehne ich mich richtiggehend. Er besaß Wärme und ein Lächeln und uralten historischen Verstand, der uns, den im Lande Geborenen, abging. Wir wussten nicht, dass man ohne Wurzeln und Geschichte nicht wirklich leben kann, und Iska, so er am Leben geblieben wäre, ginge heute auf die achtzig zu, aber er bleibt in alle Ewigkeit ein schmucker Jüngling von zwanzig Jahren. Er war auf einem illegalen Einwandererschiff ins Land gekommen, in Zypern gelandet, hatte aus dem britischen Internierungslager dort abhauen können, erhielt zwei Tage militärisches Training und schlug sich zu uns durch. Er war so schön mit seinen dunkelblauen Augen, sang russische Lieder und konnte sogar ein paar Worte Hebräisch, war ein tapferer Held und ein Teufelskerl, ich nannte ihn auch Iska Klapperesel. Und ich musste lachen, wenn er sich wie ein Idiot aufrichtete, um wie ein jüdischer Cowboy im Stehen aus Panzerkampfwagen zu schießen, und er kämpfte mit einem Mut, den wir noch nie gesehen hatten. Ein paarmal haben wir gemeinsam gekämpft, er und ich, und in einem der Gefechte, vielleicht in Bet Machsir, vielleicht am Kloster San Simon, sah ich, wie er verwundet wurde. Er erbebte von einer Kugel, die ihn in den Kopf traf, sackte langsam in sich zusammen, sein Blut strömte wie ein kleiner Wasserfall, rann geradewegs herab, und er knickte ein und fiel. Auf seinem zerfetzten, blutenden Gesicht lag immer noch sein bezauberndes Lächeln, und ich legte mein Gesicht an seine Brust, versuchte ihn zu beatmen, aber er hatte keinen Puls mehr, und ich war wütend, weil er mir nicht die Treue gehalten hatte. Er hätte leben sollen, ich wollte, dass er auch außerhalb dieses beschissenen Ortes mein Freund bliebe, aber er war tot.

Ich begleitete seinen Leichnam im Panzerkampfwagen nach Kirjat Anavim. Beförderte ihn in einer Wolldecke, Rafi und Tibi halfen mir, ihn zu tragen. Wir legten ihn am Zelteingang nieder, und von dort ging es weiter zum Totengarten, wo wir schon vor dem Gefecht Gräber geschaufelt hatten. Alle wollten schlafen gehen und warteten, dass ich ihn begrub, waren müde, und ich sagte, ich wolle ihrem Wunsch entsprechen, war aber sehr wütend, sagte, er hätte noch nicht sterben dürfen, und setzte wie ein Schmollbaby noch drauf, sie könnten ihm alle nicht das Wasser reichen. Seine Anwesenheit weckte den ungeheuren Drang, zu leben und die vielen verlorenen Tage aufzuholen, und ich ließ keinen das tun, was man bei Gefallenen vor dem Begräbnis sonst tat – ließ sie nicht seine Kleidung nehmen, erlaubte M. nicht, ihm seine Stalingrad-Uhr vom Handgelenk zu streifen, die er nach den Kämpfen dort erhalten hatte, und auch nicht, sich die Medaille anzueignen, von der es hieß, er habe sie bekommen, nachdem er einen Deutschen mit einem Schlag über den Schädel umgelegt hatte. Und dann fiel uns ein, dass wir vor lauter Trauer und Müdigkeit vergessen hatten, ihn nach seinem vollen Namen zu fragen, also nur wussten, dass er Iska genannt wurde, Iska, der Partisan. Wir hätten ihn vorschriftsmäßig mit der Bezeichnung »Namenlos« beerdigen müssen, alleinstehend war er ja nicht mehr, doch ich lief mit letzter Kraft den Berg zum Haus Pfeffermann hinauf und bat Jitzhak Rabin um Erlaubnis, auf das Stück Holz an der Grube »Iska, der Partisan« anstelle von »Namenlos« zu schreiben, und Jitzhak Rabin genehmigte es.

Ich dachte an seinen ungerechten Tod. Und an meinen komischen Tod, der in meinem Alter schon gerecht ist. Iska war nicht von hier. Er schuldete dem jüdischen Jischuw in Erez Israel nichts, er war nicht in Stalingrad gefallen, sondern hier im Krieg, und für ihn war unser Krieg ein Mickymaus-Krieg, er war hergekommen, um gegen ein paar Araber zu kämpfen, die beim Schießen brüllten, hatte vielleicht einen Monat mit uns verbracht und kannte unsere Lieder nicht. Er wusste nicht, wer Ussischkin war, oder Berl Repetur, einer der Großen der Arbeiterbewegung, ja nicht einmal, wer Abraham Schapira war, der allseits beliebte und geachtete Mann des jüdischen Selbstschutzes, oder Bärle Schweiger, der zu den Gründern des Haschomer gehörte, oder Josef Trumpeldor. Der Tod ist der weise Kunstgriff des Körpers, um das Leben und den Schmerz vergessen zu machen, und bei ihm tilgte der Tod den Aufstieg aus seiner Totenklage dort in Europa ins Land Israel, das ihn begraben sollte.

Danach schlafe ich ein und denke, Iska wartet tot im anderen Zimmer auf mich, wartet auf ein würdiges Begräbnis. Naomi erhebt sich zum Gehen. Und vielleicht ist es schon ein anderer Tag. Meine Schwester Mira sitzt da und sagt, ich sei der einzige Bruder, den sie habe, und werde genesen. Einen Moment bin ich wohl abgedriftet und wusste nicht, wo ich bin, dann höre ich jemanden sagen, heute sei der 1. Mai. Oder der Abend des 1. Mai. Und der Abend des 1. Mai ist die Nacht zu meinem fünfundsiebzigsten Geburtstag. Ich schlafe ein, wache auf und höre wirre Dinge. Ich liege im Bett und sehe vor mir einen Grabstein. Ich sehe verschwommen nur seine schwere, unansehnliche Rückseite, aber irgendwie auch seine Vorderseite. Der Grabstein trägt keine Inschrift. Nur verwischte Zeichen. Das alte, verblasste Bild einer Taube, die einen Fisch im Schnabel hält, wie auf den Illustrationen, die ich früher mal gezeichnet habe.

In meinem Kissen hier im Krankenhaus tut sich ein Loch auf. Mein Kopf sinkt tief in dieses Loch. Vor mir sehe ich den Grabstein, und ich rufe tonlos, man solle ihn wegnehmen. Ich höre Musik, höre Gesang und meine, unter mir seien zwei Stockwerke. Ich höre Miranda jemandem erklären, dass ich ihn nicht sehen könne, erkenne aber seine Stimme nicht, und jemand sagt zu Miranda: »Sag mal, wie geht es ihm denn? Lebt er?« Und Miranda erwidert etwas, das nicht an meine Ohren dringt, und er sagt »vor Jahren, in New York«, und jetzt erkenne ich die Stimme, aber nicht ihren Besitzer, und er erzählt Miranda weiter: »Es war der 1. Mai, wir standen auf dem Union Square, dort demonstrierten Kommunisten und Rote, und mit dabei war ein älteres Paar, Alex und Sonia. Sie betrieben ein russisches Restaurant in der 11. Straße, gegenüber dem jüdischen Friedhof, neben dem Balkon im ersten Stock, und sie sangen mit Begeisterung, die Frau etwas weniger, sie sagte mir, sie sei Zionistin, trug einen russischen Miederrock und hielt eine Sammelbüchse des Jüdischen

Nationalfonds in der Hand, während der kleinwüchsige Alex ein Stalin-Bild präsentierte. Berittene Polizisten prügelten auf sie ein, aber sie sangen, und Pete Seeger und die Weavers sangen ebenfalls. Sie hörten eine Schallplatte von Paul Robeson und schwenkten rote Fahnen, und ein Haufen wütender, vierschrötiger Kerle mit markanten Zügen und einem Mordszorn in den Augen spuckten sie an, es kam zu einer Prügelei, und da ist Yoram losgerannt, um seine Frau, Lee Becker, zu retten, die auf dem Platz stand und die Internationale sang, aber sie lachte bei seinem Anblick, schrie verächtlich, fixierte Sonia, die mit dem roten auch ein blau-weißes Fähnchen zu schwenken versuchte, und rief: ›Yoram, du bist ein zionistischer Kapitalist und Arabervertreiber, was ist mit den Böden von Chawara? Was ist mit Um-Dschuni? Was ist mit Emek Chefer, das ihr euch angeeignet habt?‹ Lee Becker hatte ihre Schwarzen mitgebracht und Yoram das Bier. Die meisten Demonstranten waren Juden, sprachen auch Jiddisch, und eine große schwarze Sängerin sang stimmgewaltig, und es trat Schweigen ein. Was ist also mit Yoram? Ist er tot?«

Es muss wohl einige Zeit vergangen sein. Ich kann nichts sehen außer dem Grabstein, ich höre Gesang. Es singt eine Frau, von der ich weiß, dass ich sie irgendwie kenne, ohne darauf zu kommen, woher. Plötzlich fällt mir ein, dass sie Adi Etzion heißt. Sie ist eine lustige Frau und hat eine kraftvolle Stimme. Ich war im Theater Giora Godik und habe ihr ihren Namen gegeben, weil Godik einen hebräischen Namen wünschte. Sie hat eine wunderbare Tochter, und Adi singt mit einem Hahnenkamm auf dem Kopf und komischem Gesicht und probt für eine Party, die man wohl, soweit ich verstehe, für mich vorbereitet. Sie steht mitten im Zimmer und singt Arien auf Deutsch und ein Lied aus Ephraim Kishons Musical »Casablan«, das wir einmal zusammen gesungen haben, und ich lache, weil ich tot bin und die mir hier eine Geburtstagsfeier ausrichten. Wie wird man geboren, wenn man stirbt? Das ist unfair. Jemand sagt, Chaim Guri komme. Jetzt liege ich auf einem Feld, oder vielleicht ist es nichts als ein Grundstück, vor mir der Totengarten und mein Grabstein, von dem nur die Rückseite mir zugewandt ist, und obendrauf ein Kaftan aus braunem Stein und darüber eine große Kippa, und ich bin nicht mehr sicher, dass es wirklich meiner ist.

Ich höre die Leute in der Ferne singen. Ich möchte auch singen. Plötzlich stürmt ein Landetrupp vom Marinekurs in Sdot Yam ins Zimmer, und einer schwimmt im Meer, wo vorher ein Feld war, ist jetzt Meer, und der Landetrupp vom Kurs neun singt »Schoschana, Schoschana, Schoschana, der Mond segelt auf einer Wolke dahin« und »Einen Besenstiel rund, rund, rund, stopft ihr in den Mund« und »Samara, hopp, hopp« und »Sie wird kommen ohne Pyjama, wird sie, sie wird kommen ohne Pyjama, wird sie« und dergleichen anspruchsvolle Lieder, und die Sängerin Adi Etzion kreischt, und Chaim Guri wirkt traurig und liest ein Gedicht von Nathan Alterman und ist enttäuscht, dass ich das Gedicht nicht in Erinnerung habe, und auf einmal platzt die Gruppe Carmon herein, die gerade von einer Auslandstournee zurückgekehrt ist. Die Mädels sind nicht mehr die peinlich wirkenden jungen Dinger von früher, mit dem aufgeklebten Dauerlächeln im Gesicht, jetzt sind sie in die Jahre gekommen, aber geschminkt wie damals, ein typisch erez-israelisches Make-up, bei dem man den Unbedarften in Amerika aufband, es sei Teil der Pioniertradition, die auf biblischen Grundlagen fuße. Sie tragen lange Miederröcke im russisch angehauchten Pionierstil zionistischer Frühzeit, der im Ausland noch gut ankommt, und tanzen mit bewundernswerter Volkstanzbewegtheit »Hora Nahalal« und »Der Granatapfelbaum verströmt seinen Duft«, und alles gerät durcheinander: Sie tanzen, und Chaim Guri geht, und der Landetrupp fällt bei den Kämpfen an der Straße nach Jerusalem, und auf einmal tritt Dr. Dayan zu mir, um mir einen Verband abzunehmen, und sie lächelt, und ich wache auf, habe wohl wieder phantasiert, aber nein, es war echt, muss es sein.

Miranda kommt, wünscht mir alles Gute zum Geburtstag, *Darling*, und gibt mir einen Kuss, dann auch Naomi und meine Schwester, und auch eine reizende russische Schwester, die kichernd sagt: »Was, ist er nicht mehr jung? Was, ist er wirklich schon fünfundsiebzig?« Die Süße. Ich bemühe mich, dem Ereignis gerecht zu werden, »zu ihm zu wachsen«, wie man auf Englisch sagt, und versuche tonlos, ein Wort über meinen Geburtstag zu sagen, denke jedoch: »Moment, Kaniuk, was ist an einem Geburtstag so freudig?«, und flüstere: »Deine Schönheit, Miranda, ist ein göttliches Axiom. Als wir uns vor siebenundvierzig Jahren kennenlernten, du erinnerst dich sicher, sind wir doch ins Kino in der 42. Straße gegangen, haben uns zwei Filme angesehen, der eine war »Das siebente Siegel« von Bergman, und zwischen diesem und dem zweiten Film habe ich gezittert. Ich war verliebt und sagte dir, du würdest die Mutter meiner Tochter werden und wir würden heiraten, und du warst siebzehn und hast zweimal ja gesagt. Danach ging ich zu deinen Eltern, sagte ihnen, ich sei Jude, geschieden, und würde mit Freunden Tiefkühlfalafel herstellen. Und sie blickten mich ungeheuer verblüfft an. Lächelten. Tranken Unmengen Bourbon. Und ich hatte doch nie geglaubt, dass mich jemand wirklich lieben könnte, auch du nicht. Du warst zu jung, um zu wissen, ob du mich liebst. Vielleicht habe ich dich mit meinen Seefahrts- und Kriegsgeschichten fasziniert, oder mit meinen Erlebnissen als Barkeeper, und vielleicht hauptsächlich, weil ich anders war, letzte Bilder malte, ein komisches Buch schrieb. Meine Freunde vom Café in der 91. Straße am Broadway schlossen ja Wetten ab, wie lange unsere Partnerschaft halten würde, das Höchste, was sie uns gaben, waren acht Monate. Und tatsächlich hatte ich hundertundeins Frauen, bei denen ich nie glaubte, dass eine von ihnen mich liebte. Karen Blixen, eine meiner Lieblingsschriftstellerinnen, erzählt von einem reichen alten Russen, den schöne Frauen nur so umschwärmten, und als man ihn fragte, ob er meine, sie liebten ihn, antwortete er, er habe einen Koch, der ihm hervorragende Omeletts briete, und den frage er auch nicht, ob er ihn liebe.

Und erst jetzt, Miranda – nach all den Operationen, nach sechsundvierzig Jahren des Zusammenlebens, und die waren nicht immer leicht, manchmal ziemlich grausam und unmöglich, und da war die Armut, und ich war jahrelang besoffen, habe mich ausgetobt und dich vernachlässigt, sah dich nachts weinen, und es war nichts zu essen im Haus, ich nahm das bisschen Geld, um schrecklichen Brandy namens 777 zu kaufen, und man hat uns den Strom abgestellt, weil ich nicht bezahlt habe, Gas und Telefon desgleichen, und du standst da und weintest, weil du Mücken töten musstest, die in der ganzen Wohnung schwirrten, und es mit Flit tun musstest, hast geweint, weil du keinem Lebewesen etwas zuleide tun wolltest, und Aya hat am Herzlia-Strand Eis verkauft, damit Geld ins Haus kam, und ich war ein Scheißvater und ein Scheißehemann und ein Scheißkerl –, erst jetzt, hier auf meinem Krankenlager, wie man sagt, habe ich etwas gelernt, von dem ich nichts ahnte, und das begeistert mich, und vor allem überrascht es mich wohl: Ich habe gelernt, dass du mich wirklich und wahrhaftig siebenundvierzig Jahre seit unserer ersten Begegnung und sechsundvierzig Jahre seit unserer Hochzeit liebst.

Ich lächelte, aber du standst weinend an meinem Bett, Dr. Szold kam vorbei und untersuchte mich und sagte zu dir: »Er wird wieder«, und du sahst nicht dieses Lächeln der Liebe. Unten, auf der Party für mich, sang jemand, und ich sang im Herzen mit. Ja, wir singen, ich singe im Geiste Lieder, »O Mutter, Mutter, warum, warum, o warum hast du mir das Leben geschenkt« und »Beim siebenundfünfzigsten Schlag war Katharina noch nicht tot« und »Warum trittst du auf mein Grab« und »Glaub nur, ein Tag wird kommen« und »Ich bewege mich und du bist fern« und »Schlummere, Jesreel-Ebene, prächtiges Land«, mit der klaren Stimme und dem reinen Hebräisch meiner Mutter Sarah. Ich spüre den Tod, der zu und von mir rinnt und auch von den toten Körpern meiner Nachbarn, die nicht mehr sind. Ich habe ja die Sanitäter gesehen, die hereinkamen, um die Betten für neue Patienten herzurichten, die auf Einlass in dieses Schlachthaus warten. Aber ich bin nicht mehr auf der regulären Intensivstation, ich bin in der Isolation, und außer mir liegt hier nur, manchmal, der bedauernswerte Rabbiner-Lehrer-Arzt, der geschrien hat.

Der Mensch wird ja zur Untreue geboren, dachte ich,

und Untreue kann es nicht geben, wo vorher keine Liebe war, und Liebe kann es nicht geben ohne Untreue im Schoß. Ich empfand einst große Sympathie für den Mann, der im hebräischen Jischuw, »das Juwel«, genannt wurde, Josef Lischansky, der auch den Decknamen »Warengut aus Metulla« trug und dessen Hasser lästerten, er putze und schmücke sich, während die erez-israelischen Musterknaben behaupteten, er schrubbe sich nur sauber. Und im Moment geht es hier nicht um die ganze Geschichte von Sarah Aaronsohn, die sich zu ihm hingezogen fühlte, wie auch er zu ihr, und nicht um all die blöden Snobs vom Spionagering NILI, diese Süßlinge von Palästina mit ihrem Französisch, die Sarah wegen ihrer Liebe zu Josef verhöhnten. Letzten Endes war er ja der wahre Held dieser Leute, und er war es, der zur Hinrichtung in den Khan al-Bascha nach Damaskus gebracht wurde, wo er die ganze Nacht auf seinen Kleidern schlief, damit sie glatt gebügelt wären, und dann stand er auf dem Platz mit einem Schild um den Hals, das seinen Körper verdeckte: »So geschehe einem Verräter an der Türkei«, und als man ihn aufhängte, sagte er mit lauter Stimme: »Wir sind dir nicht untreu geworden, schnöde Osmania, denn vor einer Untreue muss Liebe da sein, und wir haben dich nicht geliebt.«

Und aus der abgrundtiefen Wut, die ich empfand, hörte ich das Lied »Das Blauhemd übersteigt alle Juwelen« und das »Hoch die rote Fahne«. Und mittendrin sehe ich eine zarte Flamme in hellem Licht erstrahlen, sehe den schweren Chamsin über Tel Aviv lasten wie einen mächtigen schwarzen Berg und sehe »das Fieber der Chamsine«, das außerhalb des Krankenhauses lastet, höre den Lärm, sehe die Ecke Eduard-Bernstein-/Lassalle-Straße mit den kleinen Häusern der Arbeiterfunktionäre, sehe die Zitronen- und Orangenbäume und den Sand und die Jeckes, die bei Chamsin ein dreistöckiges Haus bauen und singen: »Wer wird bauen, erbauen ein Haus in Tel Aviv? Wir, die Pioniere sind's«, und in Deutschland waren sie alle Doktor oder Ingenieur oder Geiger, und danach singen sie *Lieder* von Schubert und Schumann. Und ich sehe Rosa Cohen, Jitzhak Rabins Mutter, an der Ecke Ben-Jehuda-/Lassalle-Straße marschieren, mit breitem Lächeln, Beherztheit in den Augen, hoch eine rote Fahne tragen, die sie im Gürtel über dem tiefsitzenden Rock stecken hat, und Arbeiterlieder zwitschern, und jemand singt: »Kfar Szold wird morgen ein junger Kibbuz, mit Genossinnen sonder Zahl.« Und nun bin ich schon beinah wach und singe selbst: »Wacht auf, Verdammte dieser Erde, die stets man noch zum Hungern zwingt!« und »Jetzt spreche der Genosse Parabellum, das Wort hat der Genosse Maschinenpistole« und »Der Kanonendonner ist verstummt, das Schlachtfeld liegt verwaist«, und was heißt das überhaupt, »verwaistes Schlachtfeld«? Empfinde ich bei diesen Worten wirklich das, was ich zu empfinden meine? Erinnere ich mich an meine Geburt, die jetzt am frühen Morgen des 2. Mai stattfindet, meines Geburtstags, der auf den Maifeiertag der Werktätigen folgt? Ich erinnere mich, erinnere mich aber nicht, was ich erinnere. Ist das Leben, in das ich zurückgekehrt bin, wirklich das Leben, in das ich zurückkehren wollte? War ich überhaupt vorher darin? Gibt es eine Erinnerung an die Tage vor dem Erwachen? Kann es sein, dass ich aus einer schmalen Ewigkeit kam und, nach dem Dichterwort, mein Abbild vor Erschaffung der Welt suchte? Und vielleicht ist es dies, was mir tief im Gehirn erklärt wurde, und demnach wäre dies der Vorabend meines Geburtstags.

Vor mir sehe ich immer noch den Grabstein. Auf der Rückseite ist die Zahl 5690 eingemeißelt, mein Geburtsjahr. Mehr nicht. Nicht mein Sterbetag. Auf dem Grabstein sitzt jetzt eine Scheibe aus unbehauenem Stein und darauf ein Streimel, die feiertägliche Pelzmütze frommer Juden, und auf dem Streimel eine große Kippa. Der Grabstein hat nie gekanntes Glück in mir entfacht. Vielleicht weil ich selbstgerecht dachte, ich bekäme hier Mitteilung, wann ich gekommen bin und wann ich enden werde, sodass ich das Dazwischenliegende berechnen könnte.

Ich feiere fast allein meinen fünfundsiebzigsten Geburtstag, der unten ohne mich gefeiert wird, und das ist schon ein respektables Alter. Die Zeit ist stehengeblieben, und ich habe sie nur durchlaufen. Ich meinte zu schreien, und da waren Illusionen, aber sie sind verflogen, und es gab keine Handhabe, sie zurückzuholen, ich besaß nicht die Kraft, das aufzuschreiben, was ich meinte aufschreiben zu müssen, und das bedauere ich. Liege ich tatsächlich irgendwo vor dem Grabstein und weigere mich, darunterzugleiten? Anscheinend hegte ich den Verdacht, dass es eine Phantasie war, dachte jedoch, ein Weiserer als ich wüsste, dass es keine war.

Mein Geburtstag wurde immer nach dem 1. Mai gefeiert, und ich lecke mir in diesem schrecklichen Bett die Lippen und erinnere mich, dass es an einem 1. Mai zum ersten Mal Speiseeis in Tel Aviv zu kaufen gab. Ich spüre das Eis meines zehnten, elften, zwölften Geburtstags bei Whitman weich und angenehm auf den Lippen und weigere mich, in mich zu kriechen. Weigere ich mich zu kapitulieren? Wovor weigere ich mich zu kapitulieren? Habe ich jemals Vitalität besessen? Ich bin in der Welt herumgereist, jetzt kann ich mich nicht mehr austoben. Ich liege hinter dem Grabstein und denke, ich sei vielleicht Jackie Gleason in »The Honeymooners«, der New Yorker Busfahrer, der seine arme Frau anschreit, sie aber liebt, und ich habe keinen bewussten Grund dafür, abgesehen von einer Lebenskraft, die ich mal hatte, als ich ein Schuft und ein Gewissensmensch in einem war, als ich liebte und nicht liebte und vor allem jung war.

Ich sah Schatten. Grau in grau ist mein Grabstein. Weigert sich eigenartigerweise, mich zu akzeptieren, obwohl er allein für mich bestimmt ist. Ich versuche herauszufinden, ob der Grabstein meiner ist, und weiß, dass ein Stockwerk unter mir der Lärm und das Geklingel und Geschrei weitergehen, sehe irgendwie durch den Fußboden, wie sie dort meine Geburtstagsparty vorbereiten, und Adi Etzion singt jetzt eine Arie aus einer Monteverdi-Oper, die mein Vater liebte. Es sind noch mehr Leute da. Sie stehen in drei Etagen, aber in meinem Hirn erklärt mir jemand, dass man heute tatsächlich schon in Stockwerken übereinander beisetzt, also warum nicht auch mich, an meinem fünfundsiebzigsten Geburtstag, und das gerade hier, wie die schönen jungen Leute, die 1948 auf dem Weg nach Gusch Etzion ermordet wurden, und jemand organisierte eine Feier im Palmach-Stil und entzündete ein Lagerfeuer im Krankenhaus. Sie ließen einen Stieltopf mit Kaffee kreisen, den sie »Findschan« nannten, und jemand sang »Take the ›A‹ Train« von Duke Ellington, und ich hörte Abdul Wahab »Besame Mucho« singen, das auf Arabisch *Albi Machruf* – »Mein unsinniges Herz« – heißt, und ich höre die

Andrews Sisters »Bei mir bist du schejn« singen, und die Geschäftigkeit da unten erschreckt mich. Ich hatte sie doch alle überraschen und vor meinem Geburtstag sterben wollen, und was jetzt, was sollen sie lebendig mit mir anfangen? Ich möchte ihnen sagen, dass ich nicht zur Feier kommen kann, weil ich mit meiner Beerdigung beschäftigt bin, und dass ich an meinem Geburtstag sterben werde. Ich habe jemandem versprochen, dass es so kommen wird, aber wem? Es ist leichter zu sterben, als geboren zu werden, aber sie sind mit Vorbereitungen beschäftigt und scheren sich nicht um die Logik.

Eine große Frau, die aussieht wie die Pflegerin Sahava, die mich in der Waschwanne gewaschen hat, steht aufrecht und trällert zur Feier des Tages aus voller Kehle, und ich versuche, ihre Aufmerksamkeit auf den Anschlagzettel zu lenken, den ich an einem Straßenbaum gefunden und zu Hause über den Tisch gehängt habe: »Oschras Mutter bricht das Vertrauen. Wenn Du anders und bis 45 Jahre alt bist, erwartet Dich ein Gutaussehender 1,86.« Aber ich bin doch hier, nicht zu Hause, und viel kleiner. Und die Frau singt weiter. Und Adi Etzion kräht, während sie sich räuspert, und Chaim Guri kommt wieder, wohl zusammen mit Kumpels, die ich mal gekannt habe, aber jetzt nicht mehr kenne, sie haben ja das Lagerfeuer zu dem Lied »Es kreist und kreist der Findschan« vorbereitet, und Leute haben versucht, was zu arrangieren, mir ein Geburtstagsgeschenk zu bringen. Und Miranda, du hast bei mir gesessen und mich angeschaut mit deiner Liebe, die aussah wie Feuer, verkleidet in die dünne Seide, die ich dir von der Chinareise mitgebracht hatte, und es war erregend, deine Liebe förmlich zu und von mir fluten und dir im Gesicht sitzen zu sehen. Mein Körper ist tot, meine Süße, und ich konnte dir meine Erregung nicht zeigen.

Schau, Miranda, ich schreibe nicht für fremde Menschen, ich schreibe für mich, für dich, für Naomi und Aya, ich, der ich dich deinem Volk, deiner Heimat, deinem Vaterhaus, deinem Gott, deiner Kultur genommen und dich hergebracht habe auf diesen Flecken Palästina/Erez Israel, in ein Land, das so klein ist, dass man seinen Namen auf der Landkarte nur überm Meer ausdrucken kann, und dieser Staat, für dessen Gründung ich gekämpft habe, ist nicht bereit, dir die Rechte zu verleihen, die es jedem aus Tunis oder Georgien Kommenden zugesteht, weil er oder sie dem Bundesvolk angehören, und du, Miranda, du nicht.

Jemand nähert sich dem Bett. Ich kenne ihn nicht. Er ist großgewachsen, hat sympathische Gesichtszüge, wirkt wie ein Intellektueller und sagt, er sei vom Landwirtschaftsministerium, fragt, ob ich ihn aus dem Kindergarten von Chaja Broida, Brenners Frau, in Erinnerung hätte. Es ist über siebzig Jahre her, dass wir ihren Kindergarten in der Bograshov-Straße besuchten. Ich betrachte das Foto, das er aus der Tasche holt und mir zeigt: Ich sitze darauf im Schneidersitz und lächle. Ich kann mich nicht an ihn erinnern. Schön, dass er mich besucht. Auch Jitzhak Schilo kommt. Ich habe ihn Jahre nicht mehr gesehen. Er setzt sich zu mir und erzählt von den Tagen, als wir uns vor Urzeiten kennengelernt haben, und wie meine Tante Sarah die Große mache ich eine Liste von denen, die nicht gekommen sind, und denen, die doch, und wie Sarah die Große verzeihe ich den Weggebliebenen nicht, selbst wenn sie tot sind.

Der einzige Gedankengang, mit dem ich mich davon abhalten kann, im Geiste wieder und wieder das Lied »Das Blauhemd übersteigt alle Juwelen« zu singen, ist der, dass ich nicht rückwirkend geboren werden möchte. Die Geburt sehe ich klar vor mir. Wenn ich mich recht entsinne, war sie das subjektivste Ereignis, das mir geschehen ist, und ich denke an die Momente der Gnade und an die Momente des Staunens und an die Momente der Schmach, ohne feste Reihenfolge. Zwischen den Liedern des Reigens, der mir unaufhörlich im Kopf dudelt, kehre ich immer wieder zu meinem Geburtstag zurück und überlege, wie ein einziger Moment das ganze Leben verändern kann: als Professor Halperin sagte: »Yoram, du hast Krebs«, und alle reden ja vom Schicksal. Kann das Schicksal einen Moment erklären, in dem sich schlagartig dein ganzes Leben ändert?

Bei der letzten Operation gab es einen Moment, in dem ich absackte, und einen Moment, in dem ich achtzehn Jahre alt war und der britische Soldat im Dienst der Arabischen Legion von der Jerusalemer Stadtmauer auf mich schoss und meine ganze Welt nur noch der schmale Abstand zwischen dem blauen Auge auf der Mauer und dem Ende des nahen Gewehrlaufs war, und damals bin ich ja gestorben, aber der Tod verwandelte sich in Leben, denn es vergingen zwei bis drei Minuten, und ich fühlte mich nicht tot. Etwas Größeres als Angst erfüllte mich. Ein Soldat tötet und wird getötet, und ich war leichte Beute für ihn, er musste mich töten, das ist das Gesetz des Krieges, aber der zweite Schuss kam nicht. Die beiden Vorfälle, der damals und der jetzt, verbanden sich miteinander. Der zwei bis drei Wochen dauernde Moment meines Todes auf der Intensivstation, ohne Bewusstsein, im Koma, oder wie man das nennt, verknüpfte sich mit jenem Moment in Jerusalem. Vielleicht sah der britische Offizier auf den Mauern Jerusalems im Geiste Jesu Auferstehung vor sich, als er einmal auf mich schoss und kein zweites Mal abdrückte. Warum hat er nicht noch mal auf mich geschossen? Irgendwas ist geschehen, er beschloss, Gott zu sein und mich zu verschonen, zumindest bis zu meinem Tod im Alter von fünfundsiebzig Jahren im Ichilov-Krankenhaus.

Und ich überdachte, was ich getan hatte in dem Leben, das mir geschenkt wurde. Dachte an meine Kunst. Ich habe es nie fertiggebracht, die Kunst zu schaffen, die ich hätte schaffen sollen. Ich hatte Vorbilder, bei denen es schwierig war, mit ihnen zu wetteifern oder ihren Weg fortzusetzen. Meine Kunst fiel mir schwer. Ich war immer ein behinderter Mensch mit erstaunlicher Unfähigkeit, hatte den Drang, nur wie ich zu sein, und bedauerte, nicht anders zu sein, und was ich machte, war nicht richtig. In irgendeiner objektiven Hinsicht war meine Fähigkeit begrenzt. Ich studierte Malerei, weil mir das leichtfiel. Ich staunte nicht wenig über meinen Erfolg als Maler. Erfolg? So kann man es kaum nennen, aber es hatte Ähnlichkeit mit Erfolg. Ich war sehr jung und verdiente kein Lob. Ich war in Machtlosigkeit befangen und überwand sie nicht.

In meiner Jugend wollte ich so sein wie alle. Das gelang mir nicht. Meine mit Murmeln gefüllten Taschen wölbten sich nicht genug unter den kurzen Hosen. Die Sandalen sahen anders aus als die Sandalen der anderen. Ich wurde ausgelacht, beschloss, in Deutschland geboren zu werden, denn mir gefiel der traurige Charme der deutschen Kinder, die damals ins Land kamen. Ich zwang mich, *»au«* zu schreien, wenn ich angegriffen wurde, denn die erez-israelischen Kinder schrien »ai«. Die anderen beschlossen, mich reinzulegen, und attackierten mich vor der türkischen Festung in der Ben-Jehuda-Straße, und ich kämpfte. Sie prügelten mit Macht auf mich ein, und ich schrie *»au«*, aber dann versetzte mir Amihud einen Mordsrippenstoß, und ich schrie *»jaaa«*. Meine Kindheit war ein Versuch, jemand anders zu sein. Ich schrieb insgeheim; schämte mich der Aquarelle, die ich am Jarkon malte; wenn alle loszogen, um Rina Pakoski auf den Rücken zu hauen, von der es später hieß, sie habe einen Araber oder Engländer geheiratet, ging ich nicht mit; und wenn sie zum Rina-Park-Kino gingen, um sich durch Übersteigen des hohen Zauns einzuschleichen, machte ich nur mit, weil ich Zionist war und der Zionismus das Wir in den Mittelpunkt stellt. So sein wie alle, hieß die Parole.

Ich kletterte mit über den hohen Zaun an der Ben-Jehuda-Straße, gegenüber dem Volkshaus im Rina-Park – was war das für ein tolles Kino, an Sommerabenden wehte eine Brise vom Meer her –, doch ich hatte Gewissensbisse. Auf der anderen Zaunseite angekommen, schlich ich mit, aber die anderen gingen rein in den Filmsaal, der zum Meer hin offen war, und ich lief raus zur Kasse, um eine Eintrittskarte für elf Mil zu kaufen. Die Mistkerle warteten auf mich und sagten, ich würde niemals so werden wie Buck Jones oder wie die Helden des Haschomer, Bärle Schweiger oder Portugali oder Alexander Seid aus Scheich Abrek. Ich träumte davon, ein beherzter Bauer zu werden, begann eine Mechanikschlosserlehre. Ich hatte keinerlei Begabung, war aber der Einzige, der die psychotechnische Prüfung, die man uns in der Bialik-Straße machen ließ, mit Auszeichnung bestand, und der Prüfungsleiter behauptete, ich sei ein Mechanikgenie. In der Berufsschule in Haifa kapierte ich nichts von Mechanik, war schlecht in den Werkstätten, mochte Geschichte *by default*, wie die Amerikaner sagen – nach dem Ausschlussprinzip, und nach zwei Jahren sagten sie meiner Mutter, ich würde »in die nächste Klasse versetzt, aber nicht an unserer Schule« –, ich war der Erste, an dem sie diese später sprichwörtliche Wendung ausprobierten.

Ich wollte immer all das machen, was ich nicht konnte, und was ich konnte, dessen schämte ich mich. Als ich als Matrose auf der »Van York« fuhr und wir nach dem Unabhängigkeitskrieg Tausende von Holocaustüberlebenden ins Land brachten, gingen in Neapel und Marseille alle zu den Nutten, und ich saß vernarrt in die Diaspora-Kinder im Übergangslager. Ich liebte die Juden, obwohl wir viele Jahre lang gelernt hatten, die Juden seien ein unrettbar erbärmliches und geducktes Volk, sie gingen wie Lämmer zur Schlachtbank, und nur im Land Israel werde der neue Jude heranwachsen, ein Nachkomme von Josua, Nimrod und David. Und dann saßen wir eines Tages zusammen im Café Nussbaum an der alten Strandpromenade, um eine Reise nach Brasilien zu planen, wo wir den Amazonas trockenlegen wollten, und die Kumpel machten sich über einen Neueinwanderer lustig, der gerade erst eingetroffen war und Goldzähne verkaufte. Sie nannten ihn »Seife«, und das war eins der wenigen Male in meinem Leben, dass ich jemanden schlug, und selbst das ging schief, denn ich verstauchte mir die Hand, während der, den ich geschlagen hatte, ungeschoren davonkam.

Was wollte ich denn schon? Ich wollte so schreiben, wie ich es tue, mit den Grammatikfehlern, die ich liebe, mit dem Stil-Mix, aber was ich schrieb, war nicht eingängig. Ich war nicht wie sonst wer. Auch dieser Satz ist grammatikalisch nicht richtig. Die Malerei war die Zelebrierung meiner Machtlosigkeit. Ich wusste, da fehlt etwas, vor allem, weil mir das Malen leichtfiel. Soutine war mein Vorbild eines wahren Künstlers, er wollte malen wie Rembrandt und ist daran gescheitert, und aus diesem Scheitern ist Soutine entstanden. El Greco wollte malen wie Tizian und wurde El Greco. Das ist ein kluger Einsatz der Machtlosigkeit, um etwas zu riskieren, zu stürzen oder an einen bisher völlig unbekannten Ort zu gelangen. Nicht jeder, der es nicht zum Rembrandt gebracht hat, ist ein Soutine geworden. Ich habe es versucht, aber nicht geschafft. Ich habe so geschrieben, wie andere nicht schreiben wollten, konnte nicht so schreiben wie sie, das heißt, wie es sich gehört. Ich war von jeher umstritten, weil ich einer für sich war, ein Schriftsteller eigener Gattung, und das ist nicht gut. Ich kann keine normalen Sätze schreiben, sondern nur Sätze, die ich brauche und sonst keiner. Ich habe gerungen, ohne irgendwen verführen zu wollen, und merkte, dass ich beim besten Willen nicht im selben Trott gehen konnte. Mein Scheitern lag darin, dass ich gerade so gemalt und geschrieben habe, wie ich es nicht etwa tun wollte, sondern tun musste. Ich konnte nicht klarer, nicht gefälliger sein. Und ehrlich gesagt bin ich immer noch Schriftsteller *by default* – nach dem Ausschlussprinzip.

Die Machtlosigkeit ist nicht nur ein kraftvolles Instrument, sondern auch riskant. Ich hatte genug von meinem Selbstmitleid, genug von meinem narzisstischen Drang, in

Armseligkeit zu schwelgen, aber ich sagte mir, ich hätte schon genug gelebt, hätte mehr erlebt als andere in zig Lebensabschnitten, und brächte keinen Nutzen mehr. Wegen der Prostataoperation vor zehn Jahren kann ich keine Kinder mehr zeugen, ich bin unfähig, richtig zu genießen, und was soll der Mensch nach der indischen Spruchweisheit erreichen – einen Sohn zeugen, ein Haus bauen und einen Baum pflanzen. Ich habe zwei Töchter gezeugt, habe einen Baum des Jüdischen Nationalfonds gepflanzt und kein Haus gebaut, aber eine Mietwohnung ist auch ein Heim.

Bis zum dreizehnten Lebensjahr hatte ich einen Babysitter, wenn meine Eltern abends ausgingen. Ich hatte Angst vor der Dunkelheit. Hatte Angst zu schlucken. Hatte Angst vor geschlossenen Räumen. Hatte Höhenangst. Alles machte mir Angst: mein Aussehen, meine Gedanken, die Schwäche. Ich habe mich mit siebzehn Jahren freiwillig zur Palmach gemeldet und hatte von Anfang an Angst, aber im Krieg habe ich ordentlich gekämpft, hatte nicht den Mut, mich zu fürchten, bin furchtlos gegen die Angst angegangen. Ich weiß noch, wie Jitzhak Rabin vom Haus Pfeffermann im Kibbuz Ma'ale Hachamischa herunterkam und fragte: »Wer ist hier dieser Kaniuk?«, und wie er auf die Antwort, das sei ich, zu mir sagte: »Hör mal, Bürschchen, was denn? Willst du wie in Pompeji werden?« Denn unter Feuer rannte ich wie ein Depp, wie im Rausch, und schlotterte dabei vor Angst, und ich rettete einen Kameraden, den ich von mir abdrängte, um an seiner Stelle den Kugeln ausgesetzt zu sein, aber eine Stunde später war er tot und ich nicht. Im Gefecht am Kastell starben meine Kameraden vom Zug. Ich blieb als Einziger übrig. Nicht mal ihre Namen habe ich mehr im Gedächtnis. Ich saß im Kibbuz Kirjat Anavim auf dem Rasen und wusste nicht wohin. Da kam einer, den ich nicht kannte, und fragte, wie es mir gehe, und ich sagte es ihm, und er erwiderte: »Was klagst du, bleib hier, übernachte in der Scheune und zieh nicht jede Nacht ins Gefecht.« Es machte mir Angst, nicht loszuziehen und mich nicht in Gefahr zu begeben, und er steckte mich in die Einheit der großartigen Palmach-Reservisten, und ich befriedigte all meine schrecklichen Begierden, meinen Drang, »es einfach zu tun«, wie die Amerikaner sagen.

Ich hatte das Bedürfnis, meinen Wagen an einen Stern anzuschirren, wie Nietzsche, und dachte, ich würde überraschen, weil ich nicht gehen kann. Ich dachte, ich würde auf meine eigene Weise handeln und beliebt werden, als wäre ich ein guter Schriftsteller, obwohl ich nur weiß, wie man nicht schreibt. Ich konnte anders schreiben, weil das Übliche mir nicht nur zuwider war, sondern auch schwerfiel. Letzten Endes ist auch das, was ihr jetzt lest, irgendwie ein Buch. Es wird vielleicht jemand fragen, na wie ist denn das Buch? Man wird ihm antworten, das Buch ist ganz schön, sogar interessant, etwas deprimierend, schade, dass er sich nicht kürzer gefasst hat, es ist ein schlechtes Buch, ein wüster Schriftsteller, das Buch ist nicht gut geschrieben und nicht hinreichend redigiert, und jemand anders wird sagen, es enthalte viele Ungenauigkeiten, und man hätte normalerweise Fehler korrigieren müssen, aber ich bin kein »normaler« Schriftsteller, und das hier ist alles, was ich zuwege bringe.

Meine Lebensgeschichte ist eine unerklärliche Angelegenheit, die ich schamlos mit Bedeutung aufzuladen versucht habe. Ich tue mich schwer mit der Ästhetik alles Schrecklichen. Ist Goyas »Erschießung der Aufständischen« schön? Ich habe jetzt zum ersten Mal im Leben das Gefühl, an das Geheimnis meines Daseins zu rühren. Das Geheimnis ist schlicht und banal – weder mein Leben noch das Leben von sonst wem hat irgendeinen Sinn. Mag sein, dass ich, als ich starb, zu Gott gelangt bin und ihn so gesehen habe, wie ich ihn mir immer vorgestellt hatte, und er ist nicht nur das, was richtig ist, sondern nun gerade das, was nicht richtig ist, deshalb wollen alle ihn zufriedenstellen. Und ich dachte, woher haben wir, die Toten, Tränen? Und sprießen die Tränen, so wie die Finger- und Zehennägel, auch dann weiter, wenn der Körper schon erloschen ist?

Spätnachts, nachdem ich diese Sätze niedergeschrieben und gelesen hatte, erwachte ich aus flüchtigem Schlaf und erinnerte mich verschwommen an das, was ich nach Wunsch der Ärzte während der Operation vergessen sollte. Es war die einzige Erinnerung, die mir von der letzten Operation verblieben ist. Ich sah, dass ich aufgeschnitten wurde. Wie der japanische Fisch, der traurig auf die Esser seines rohen Fleisches herabschaut. Ich wusste, meine Augen sahen die Stücke, die die Ärzte herausholten und hineinstopften. Ich spürte keine Schmerzen. In meinem Zustand sind Schmerzen ein Geschenk, denn sie sind ein Lebenszeichen. Wenn dieses Bild mir wiederkehrt, möchte ich darüber lachen, wie schrecklich, aber wunderbar es ist, dass ich mich aufgeschnitten sehe, wie im Mittelalter, als man Menschen langsam tötete, damit sie ihren Tod sehen konnten. Das hat sich mir eingeprägt, diese Szene.

Im Talmud steht: »Ein ungedeuteter Traum ist wie ein ungelesener Brief«, und die Deutung bleibt immer dem anderen überlassen. Ich liege im Sterben, aber nicht mehr hier im Krankenhaus, sondern am Meer. Immer kehre ich ans Meer zurück. Und dann träume ich, dass ich an den Strand fahre und meinen verbeulten Peugeot 309 vor einer Sonnenschirmfabrik parke. Ich blicke nach rechts und links, betrete ein belebtes und heißes Café, an dem die Wellen sich brechen. Das Rauschen des Meeres beruhigt mich. Einen Kaffee mit Blick auf die Wellen trinken und gehen, und als ich gehe, ist das Auto weg. Golda Meir kommt auf einem Moped vorbei, trägt einen Helm, der aus einer Damenbademütze mit Wellenmuster und Gummiband besteht, und jemand gibt mir eine Spritze und schreit. Vielleicht ist ein Arzt gekommen. Er sagt was, und andere rennen, um mich an den Sauerstoffballon anzuschließen, ich ersticke schier, beginne aber zu atmen und steige bei Golda Meir auf, damit sie mich mitnimmt, sie wohnt neben dem Haus meiner Mutter Sarah, hinter der Brodetsky-Straße. Die Straße am Meer ist stark befahren und mit Wasser bedeckt, aber Leute sitzen mitten auf der Straße auf weißen Plastikstühlen, und die Wellen schwappen bis zu ihnen hin. Plötzlich springt Sidney Poitier auf und ruft. Als ich näher komme, fragt er mich mit ironischem Grinsen, wie es Charlie Parker gehe. Golda sagt zu ihm: »Sie sind erledigt, Poitier! Wegen eines dreiminütigen Werbespots für Windeln sind Sie nach Israel gekommen?« Ich frage Golda, was mir die ganze Zeit zusetzt: »Was ist mit unserer Freundschaft passiert? Was hast du gegen mich?« Sie sagt, das sei alles wegen der Uhren. Wir sind an einer Telefonsäule, und ich mache mir Sorgen um mein Auto.

»Was tun?«, frage ich. »Ruf an«, sagt Golda. »Wen?«, frage ich. »Die Versicherung!«, antwortet sie. »Ich dachte, erst die Polizei«, gebe ich zurück, aber alle meine Papiere sind im Auto, und alles ist grau. Die Sonne scheint mit spitzen, scharfen Strahlen. Männer in Anzügen »stolzieren«, wie Lehrer Blich sagen würde, am Meer entlang, und ich setze mich sofort hin und schreibe ein Gedicht über eine Frau, die in Bethlehem alten Frauen vorsingt, die mit ihren Enkeln angeben, die sich prächtig entwickelt haben und zu Befehlshabern der römischen Armee aufgestiegen sind, und sie singt: »Mein Enkel war kein römischer Offizier, er war Gott und ist von euren Söhnen gekreuzigt worden!« Die Menschen haben ganz sicher nichts Edles an sich. Fische und Schmetterlinge haben was Edles, aber nicht die Menschen. Ich bin ein Schatten meiner selbst geworden und ersticke. Habe das Gefühl, keine Luft zu bekommen. Ich schlage die Augen auf, und ein Pfleger steht über mir und fragt, was passiert sei. Ich fasse an meinen Körper und klage, wie alt und hässlich er aussehe.

Es ist mir nie gelungen, vom Bett aus den Schalter der Klimaanlage am Ende des Zimmers zu erspähen, und ich bitte den netten Pfleger, der wie ein Frosch aussieht und immer erschrocken wirkt, bitte ihn mit Grimassen, die Klimaanlage einzuschalten. Es herrscht lastende Stille, ein Netz von Intrigen. Ich weiß nicht, woher mir plötzlich das Wort »Intrigen« in den Sinn kommt, aber vermutlich ist es den Tiefen meines Gehirns entstiegen, und wenn es mir einfällt, ist das ein Zeichen, dass es kommen musste. Ich blicke auf die Taube am Fenster und meine, sie oder ihre Familie in Erinnerung zu haben. Als Junge ging ich oft in das arabische Dorf Sumail, von dem einige zerbröckelnde

Häuser noch an der Ecke Arlosoroff-/Ibn-Gabirol-Straße stehen, nicht weit vom Ichilov-Krankenhaus, und eines ist sogar mit überdimensionalen Jeans bespannt, und genau hier unten kauften mein Busenfreund Amos und ich früher Hartweizenkörner für unsere Tauben, die in unserem Schlag in der Halperin-Straße, am muslimischen Totengarten, nisteten. Die Taube an meinem Fenster muss also eine Nachfahrin der arabischen Taube sein, und daher ist sie auch die Taube der »Nakba«, »der arabischen Katastrophe von 1948«, wie die Araber sagen, spricht nur Arabisch, träumt von Palästina, vom Ende des Zionismus, von der Aufhebung der Besatzung, und da ich mich in die Taube verliebt habe, nenne ich sie Sarah die Große nach meiner bösen und schönen Tante. Und ich betrachte die Taube, die eine arabische war, noch ehe sie eine palästinensische wurde, sie ist seit vielen Generationen hier, und mehr kann ich nicht sehen von diesem lausigen Ort, der sich Ichilov nennt und auf einem Grundstück steht, das früher mal, in meiner Kinderzeit, ein Reitplatz für britische Offiziere namens Gordon gewesen ist.

Ich wurde mir lange nicht klar darüber, auf welcher Seite des neuen Krankenhausgebäudes ich lag und worauf ich blickte – zur Dafna- und zur Henrietta-Szold-Straße oder Richtung Gericht und Museum. Das Fenster war das Einzige, was ich sah, außer dem Zimmer selbst. Stunden krochen dahin, während ich aus dem Fenster schaute, das mir eine Welt einrahmte. Auf dem Fenstersims legten die palästinensischen Tauben aus dem Dorf Sumail der »Nakba« mir anmutige Striptease-Akte hin, putzten sich mit heroischer, gelassener Behutsamkeit das Gefieder, plusterten sich auf, flogen fort und kamen wieder, tänzelten ein bisschen, Tag für Tag. Nachts beobachtete ich das Lichterspiel Tel Avivs. Bei Abendanbruch bleibt noch etwas Tageslicht. Später verlischt es. Und dann ist es fast Nacht, aber die Leuchtstoffröhren in den Bürogebäuden verstummen, die Lichtschimmer kapitulieren, die Häuser werden zusehends schwärzer, und die Dunkelheit tritt ein. Im Dunkeln sieht man Hunderte erleuchteter und erloschener Fenster. Ein Blinken hier und da. Ein kleines Flugzeug bahnt sich seinen Weg durch die Wolken und ist unsichtbar. Der sinkende Abend macht mich traurig. Ich möchte flehen. Habe keinen Adressaten und keine Stimme. Miranda und Naomi und Mira sind heute Abend nicht da. Ich betrachte meine Tauben. Sie haben sich an mich gewöhnt. Jetzt sind sie keine einfachen Palästinenserinnen mehr, jetzt wollen sie Märtyrerinnen sein im Kampf gegen mich und für die Gerechtigkeit. Sie fordern das Recht auf Rückkehr. Was zählt mein bisschen Leid gegen die Agonie der Drusin, die jetzt im Nebenzimmer schreit und weint. Sie darf weinen, sie ist so jung und nicht alt wie ich, und sie wird übermorgen sterben. Wer braucht dieses Leben mit Krankheiten? Es gibt nichts Frustrierenderes in den Zellen der zur Intensivbehandlung Verurteilten als die Unfähigkeit, ihren Mitmenschen ringsum verständlich zu sein.

Miranda versucht es doch. Sie kommt wieder. Die Nacht ist irgendwie vorübergegangen, und sie fragt in ihrer sanften Art: »Möchtest du Luft haben? Hast du Mühe mit dem Atmen? Soll ich dir was vorlesen? Tut dir was weh? Wo?« Mein Schmerz ist mir gegenüber gleichgültig. Mein Körper erklärt sich nicht. Da stehen Freunde, die wissen, dass ich im Sterben liege, und sie weinen. Sie tragen die

Schutzkleidung gegen diese Schlange, gegen den tödlichen Virus, der mir aufgelauert und meine Lungen zerstört hat, und der ist ansteckend, und deshalb müssen sie über ihre Kleidung eine Art Mullkittel ziehen und eine Mullhaube aufsetzen und Mullschuhe überstreifen, und sie tragen diese Verhüllung mit verlegenem Lächeln, denn ihr Aufzug ist ihnen unangenehm, aber sie sagen sich sicher im Stillen: »Was ist mein Unbehagen schon im Vergleich zu dem, was er durchmacht.« Und ich sehe auf ihren Gesichtszügen ein törichtes Triumphgefühl, vermischt mit Mitleid, weil sie, um sich selbst gut und gesund zu fühlen, zu mir kommen und auch selber leiden, und ich lache über die Klamotten, die sie tragen müssen. Hinter dem Vorhang sehe ich ihre Tränen, echtes Theater, mag sein, aber im Wesentlichen ist es Furcht vor dem, was sie sehen, und ihr Gefühl, gesund zu sein, richtet sich vielleicht auch ein wenig gegen mich, und ich in meiner übertriebenen Kleinlichkeit meine, sie seien gekommen, um Abschied von mir zu nehmen. Aber ich lebe beinah, und nachdem man ihnen gesagt hat, ich sei gestorben, sind sie etwas enttäuscht, dass ich noch am Leben bin, ärgern sich über sich selbst, doch die Todesnähe erzeugt bei den Gesunden Schuldgefühl, und sie sind gekommen, um das Schauspiel meines Todes zu sehen, und nun sterbe ich nicht vor ihren Augen, sondern verzettele mich im Leben und steige herab von der Stufe des Todkranken, lebe sogar weiter, und sie wissen nicht, dass ich am Leben klebe wie ein Falke an seiner Beute.

Seit meiner Verwundung in den Gefechten um Jerusalem war ich seelisch angeschlagen. Im Alter von fünfundsiebzig, kraft des Todes, der sich mit dem Krebs in mir festgesetzt hatte und mich unterkriegen wollte, bin ich zum ersten Mal im Leben dem Kriegstrauma entkommen, in dem ich so viele Jahre gelebt habe. Die Verknüpfung der zwei Minuten auf dem Berg Zion mit der Agonie im Ichilov hat mich geheilt. Im Englischen sagt man: *He is a real person.* Das Wort *person* kommt von dem Wort *persona*, und das soll heißen, dass er die wahre Maske seiner selbst ist. Ich erwarte mich also als Besiegter am Ende der Geschichte und nehme die Maske ab.

Das Erste, was nach dem »Yoram, wach auf« und nach dem Vergessen im Koma passierte, war die Wahrnehmung von Licht an dem Ort, wo ich war, ohne zu wissen, dass ich dort war, in Dämmern versetzt. Ich weiß nicht, ob ich da oder ein paar Tage später begriff, dass meine Schwester Mira, die mir so geholfen hat und die eine schöne Frau ist, und traurig ist, und deren Kinder und Enkel hier waren, mich liebt. Freunde waren da. Ich begriff, dass Miranda, die rätselhafte und unergründliche Frau, über die ich nach all den gemeinsamen Jahren weniger weiß als über Mordechai vom Lebensmittelladen, mich liebt. Sie ist ein Mensch, für den es keine Erklärung gibt. Kein Mensch, den ich je im Leben gekannt habe, ist so unergründlich wie sie. Sie erklärt sich nicht selbst, ist nicht vorhersehbar, sie ist wachsweich und doch stark, sie schminkt sich nicht, geht nicht zum Friseur, schneidet ihre Haare selbst, geht nicht zum Schönheitssalon oder ins Fitnesscenter, macht keine kosmetischen Behandlungen. Sie bummelt gern durch die Stadt und kauft gebrauchte Kleidung, gibt gern jedem, der bedürftig ist, besitzt ungeheure Ehrlichkeit, absolute Freigebigkeit, und plötzlich werde ich in einen geliebten Mann übersetzt, ein schönes, wohliges Gefühl, das ich früher nicht hatte. Ich war nicht ich selbst, sondern nur Potenzial und Überlegung, und vor lauter Freude bekam ich einen Erstickungsanfall, und da schlugen sie mir Nägel in die Kehle. Es kam mir Blut in den Hals, Blut in den Mund. Ich spie mich aus in das, was ich war, hatte in mir den Schleim der Gepeinigten, wegen des Unwissens über meine Nichtigkeit und der Unfähigkeit, mich selbst zu lieben, und auf einmal wurde beides zerschmettert.

Ich sehe Schwestern über mich gebeugt und einen Arzt bei ihnen. Jemand versucht wohl, meinen Beatmungsschlauch zu regulieren, und es tut mir weh. Plötzlich bekomme ich keine Luft mehr und ersticke beinah, sie legen mir eine Drainage, und ich krümme mich vor Schmerzen, ohne mich zu regen, und frage tonlos: »Wo ist Golda Meir?« Aber ich habe keine Stimme. Ein Pfleger sagt: »Was haben Sie für ein Glück mit einer Frau wie Miranda«, und mir wird warm im Leib, und ich blicke den Pfleger an, der mir zuzwinkert und sagt: »Ihre Schwester ist eine schöne Frau. Ihre Tochter Naomi ist wunderbar, sie ist schön und klug und gut wie Ihre Frau.« In meinen Augen waren die Frauen immer schön in Schwarz-Weiß, unerreichbar, aber in Farbe machten sie mir Angst. Ich liebte es, ihre weiblichen Körperteile zu besuchen, war aber unfähig, sie selbst anzuschauen, ich sah sie gern in Satinkleidern, majestätisch, hochmütig, abgehoben. Ich schrieb Gedichte über sie. Sie lasen sie nicht. Kunst kann nicht ethisch sein.

Und nach einiger Zeit verspürte ich sonderbare Sehnsucht nach dem Krebs, der Jahre in mir gesessen und mich in Gefahr gebracht hatte und entfernt worden war mit den Messern und den monströsen Instrumenten, die ich nur wenige Sekunden vor meiner ersten Operation, seligen Angedenkens, kurz hatte sehen können. Und jetzt haben wir schon 2007, es sind rund anderthalb Jahre vergangen seit den Operationen. Ich sinne über jene Tage nach, verstehe nicht wirklich, was ich suche und was mir tatsächlich zugestoßen ist, und ich möchte etwas reparieren, das vielleicht im Alter von achtzehn Jahren in Jerusalem kaputtgegangen ist, an einem schönen, warmen, glasklaren Märztag voll Blut und Grauen, voll Einschusskrater, voll versengten Fleisches, voll Toter und Hoffnungen und voll Ultraorthodoxer, die weiße Fahnen der Kapitulation schwenkten. Und ich möchte die Tauben aus Sumail in palästinensische Flüchtlinge verwandeln und uns in ihre schonungslosen Erben, und ich könnte, wenn ich nur wollte, Hartweizenkörner direkt bei mir selber kaufen, und ich irre mich schon wieder.

Ich habe immer auf Messers Schneide gelebt, die Rasierklinge aber mit Bitterschokolade überzogen verschluckt. Ich wurde im Innern zerschnitten, doch der Schnitt schmeckte bittersüß. Meine Mutter Sarah hat Tränen vergossen, so sagte sie zornig, wenn sie mir zürnte. Ich träume und phantasiere hier über die beschissene Isolation mit Blick auf die palästinensischen Tauben, und auf einmal hängt da eine Uhr. Die Uhr ist rhombenförmig und hat viele Ziffern, viel mehr als die normalen vierundzwanzig Stunden. Das Ziffernblatt ist leicht gewölbt, und die Zeit ist mal Viertel nach drei und mal Viertel nach vier. Und ich sehe von weitem die Schwestern hin und her rennen und schneide Grimassen, aber sie sehen es nicht. Die Traurigkeit war solide, und nur wenige Schwestern blickten mich an, sahen aber nichts. Schreie hier und da. Und das Geräusch der Monitore und die durchdringenden Lichter, die wie Lichtstreifen aus dem All wirkten, und die Nächte blieben trist. Die Raumschiffe machten sich auf ihren geheimnisvollen Weg durch die Wand über die Rücken von Menschen, die in der Stille vor den Monitoren schwiegen. Ich sah sie. Ich wusste nicht, wer sie waren. Unser Gott, der Fleisch nicht gemeinsam mit Milch ausstehen kann und es total versengt, ist der teuflischste aller denkbaren, aber nicht unbedingt entschuldbaren Schöpfer, und er hat mich ins Krankenbett gepisst, aus dem ich vielleicht nicht wieder herauskomme. Mein ganzes Leben lang arbeitete ich an der Suche nach dem Glauben, daran, dass der Glaube nichts mit Gott zu tun hat, habe immer darauf vertraut, dass »ich weiß« und »ich glaube« Gegensätze sind.

Es wird keine zweite Chance geben. Das Blut, das man mir zugeführt hat, ist vielleicht mit Aids infiziert. Meine Mutter gebiert mich trotz allem nur, damit ich ihre Herzschläge höre. Ich wusste schon vorher, dass ich eine uralte Verbindung zum Augenblick meiner Entstehung habe, aber ich spüre ihn vor allem seit meiner Erkrankung, denn während einer Krankheit wird einem dieser Augenblick viel vertrauter, wird verständlich, vielleicht auch teuflischer, und ich – wer bin ich denn, dass ich es gewagt habe, im Freund-Krankenhaus in der Jehuda-Halevi-Straße zur Welt zu kommen, wegen eines einzigen Moments der Liebe zwischen meinem Vater Mosche und meiner Mutter Sarah, und ich liege geschlagen da und träume von mir in einem seltsamen, sehnsüchtigen Rückblick.

Plötzlich bin ich nicht im Krankenhaus. Ich liege im Bett, in der Wohnung meiner Eltern in der Ben-Jehuda-Straße 129, im Winter, der Wind schlägt gegen die Jalousien, die berechtigte Meeresbrandung klingt wie Trommelwirbel, und ich wittere den Duft der Regenrinnen. Ich liebte ihr Summen und das Jaulen der Katzen zwischen den Regengüssen und versteckte mich gern unter der Daunendecke, im kalten Zimmer, verkleidet als Emil der Detektiv oder als Monte Christo in seinem Kerker, auf der Insel bei Marseilles, die ich später als Seemann besuchte, und es tat mir wohl, unter der Bettdecke gefangen zu sein, abgeschnitten von der Welt, in der mein Vater Mosche und meine Mutter Sarah in getrennten Zimmern schliefen und mein Vater BBC hörte, um zu erfahren, was genau in Leningrad geschieht und was mit der Belagerung Moskaus ist oder in Stalingrad. Ich war und bin ein Erfinder von Wirklichkeit. Mein Leben war eine Mischung aus tatsächlichem Geschehen und meiner Weise, zu verbessern, abzuändern, Handlungen aufzubauen. Mein ganzes Leben bestand aus dem Erfinden einer Geschichte, die wahr war, aber auch nicht war, die Legenden war, immer wahrhaftig, aber nicht immer richtig, immer ein Zirkus der Hölle und süßer und magischer und törichter Katastrophen, jede Geschichte eine Art leidige Zaubergeschichte und immer ein Musical über das Allerschlimmste, über das Leben als Katastrophe, solch banale Dinge, so was wie eine erdichtete Geschichte über das traurige Leben ringsum.

Im Wadi Schlusch, gegenüber der Bahnstation an der Strecke Damaskus–Alexandria, an der Schranke in der Herzl-Straße, die quer über die Straße herunterging, habe ich einmal einen kleinen Jungen gerettet, dessen Namen ich nicht mehr weiß, indem ich unter die Eisenbahn hechtete, nachdem ich im Allenby-Kino einen Film gesehen hatte, in dem einer das tat. Ich träumte davon, jemanden zu retten, egal wen, damit man meinen Heldenmut und mein Verantwortungsgefühl bewundern sollte, und ich schwelgte in grandiosen Liebesaffären, die immer im Volkshaus begannen, mit Flash Gordon, dem Helden unserer Jugend und Retter der Kinder.

Am Strand wirkte – und wirkt noch heute, solange meine Generation am Leben ist – unser weltbekannter Held, der Held meiner Generation, Schimon Rudi. Er stammte, meine ich, aus Polen oder Ungarn, glich einer riesigen Bulldogge und brüllte, dass die Wände zitterten vor dem Kraftprotz, der Schimon Rudi war. Wie er auf der Strandpromenade auftrat, ganz mit Eisenketten als Schaufäden behängt und so voller Güte, und wie er den zarten Frauen Tel Avivs erlaubte, seine Muskeln und Ketten zu befühlen. Und wenn er fragte, ob jemand sich vorstellen könne, was ein Held wie er zu tun imstande sei, rief Tuvia der Waisenknabe, der jeden Abend besoffen ankam, »singen!« und bekam einen Nasenstüber, der noch tagelang auf seiner Nase zu sehen war, und brüllte vor Freude, denn Schimon Rudi hatte ihn geschlagen, und er war lebend davongekommen und nun ebenfalls ein Held. Rudi legte sich ins Zeug, das verzerrte Gesicht rot wie eine Tomate, die Augen vor Anstrengung geschlossen, und die Schminke troff ihm nur so von den Brauen. Er stand an dem grandiosen Treff über dem dunklen Meeresstrand, neben dem Strandlokal »Ginati«, angestrahlt von den Scheinwerfern der alten Harley-Davidsons, die zu beiden Seiten der Bühne parkten, tanzte mit Macht und mit offenen Augen, die spielenden Muskeln mit raffiniertem Olivenöl Marke »Shemen« eingerieben und vom Licht in biblisches Parwajim-Gold verwandelt, und er schüttelte die Ketten, dass sie in alle

Richtungen flogen, zerbrach Silikatsteine mit Handkantenschlägen, warf hübsche Mädchen an die Decke und fing sie im Fall wieder auf wie Federn, während er mit den Zähnen Eisenringe knackte.

Was hat Schimon Rudi mit mir zu tun? Was hat er zu tun mit meinem Leben im Krankenhaus und all denen, die sich anschicken, in Würde zu sterben? Eine Schwester säubert mir das Gesicht. Sie hat nichts mit Schimon Rudi zu tun, aber vielleicht ist sie seine Tochter? Ich weiß nicht, ob er eine Tochter hatte. Sie lächelt sanft, bittet um Verzeihung wegen der Schmerzen, die sie mir zufügt. Tag für Tag, sobald ich mich bloß räuspere, kommen sie mir mit ihrer ekelhaften Drainage, und daneben steht der Arzt, der den Katheter überprüft. Und Moische Schabtai, der neben Schimon Rudi zu stehen pflegte und der größte Kammbläser Tel Avivs war, behauptete steif und fest, Smetana habe die Melodie der Nationalhymne »Hatikwa« von den Juden geklaut und ein Kriegsheld sein wollen. Was war Moische Schabtai doch für ein Klapperesel, heute heißt er Max Levi. 1949 fuhren wir gemeinsam zur See, dann ging ich, er blieb, arbeitete als Heizer und wurde Ende September 1954 mit der »Bat Galim« im Suezkanal aufgebracht. Er überstand das ägyptische Gefängnis und die Prügel und Folterungen dort, fuhr nach Amerika und heiratete eine hässliche Jüdin, um die amerikanische Staatsbürgerschaft zu erlangen. Sie brachte eine Bäckerei als Mitgift in die Ehe ein, und so endete der beste Kammbläser des Nahen Ostens als Bäcker in Brooklyn. Moische von der Bäckerei in Brooklyn bläst auf dem Kamm und erinnert sich, dass in Schimon Rudis Club eine schöne Ungarin auftrat, die durch einen brennenden Reifen sprang. Ich habe keinen einzigen Muskel, der sich für seinen Muskel ausgeben könnte, und ich sagte damals, er täte das allen anderen zum Trotz, ein Mensch, der für sich wohnt in seinen Muskeln.

Und während ich phantasiere und weiß, dass ich phantasiere, und mich schwer damit tue, weil ich da sein und nicht nur phantasieren und auch nicht nur phantasiert sein möchte, träume ich, erfinde also nichts mehr, sondern lebe in Träumen, bin nicht stolz oder siegreich oder unterlegen. Durch die Phantasien, die mir echt, aber nicht völlig verlässlich erscheinen, kann ich mich erinnern, wie der ruhige, warmherzige russische Arzt, der nie den menschlichen Kontakt verliert, ankam und mir den Schweiß abwischte, weil ich fieberte, und mir ein fiebersenkendes Mittel spritzte, eine meiner Hände berührte und die auf dem linken Handrücken steckende Nadel verrückte, die mich störte und sich bereits mit Eiter füllte, und danach verpasste er mir noch eine Spritze, aber in den Bauch, und ich wusste, das ist die gleiche Spritze wie vor sechzig Jahren, als Aggios Topsi mich in der Arlosoroff-Straße gebissen hatte, und ich versuche, den Ort zu fassen zu kriegen, an dem ich war. An dem ich wirklich war. Diesmal möchte ich unbedingt wissen, was im Gespinst der Phantasien tatsächlich verborgen liegt. Warum ich im Geiste Lieder gesungen habe. Wieso russische Lieder aus unserer Jugendzeit mir in unaufhörlichem Reigen die Kehle abschnürten, *»Serze«*, »Kapitän, Kapitän, lächle bitte schön«, »Sagt, Freunde, warum« und »Es blühten der Birnbaum und auch der Apfelbaum«, und wo ich in den Phantasien gewesen war. Bergen die Phantasien das Geheimnis dessen, was die Naiven den »Kampf gegen den Krebs« nennen?

Ich suche verzweifelt den Ort, an dem ich nicht weiß, ob ich phantasiere oder nicht. Wichtiger als alle Phantasien, bei denen mir nichts anderes übrigblieb, als darin zu leben, ist es mir heute, jenes eine Mal zu verstehen. Wenn man zum zweiten Mal stirbt, ist es, vermute ich, eher uninteressant. Ich rätsele auch darüber, was die im Hebräischen gängige Wendung »hat seinen Tod gefunden« bedeutet. Wie der Dichter Roni Sommek sagt: Wenn ein alter Araber während einer Ausgangssperre zu einem Schwatz aus dem Haus geht und erschossen wird, schreiben die Zeitungen, er habe »seinen Tod gefunden«. Was soll das? Ist er etwa ausgegangen, um seinen Tod zu suchen, und hat ihn gefunden? Und was heißt »der Mann ist verschieden«, und was ist »der Krieg gegen den Krebs«, wie unser Krebshilfeverband heißt? Die Angst gebiert krankhafte Grammatik. Man hört die Worte. Sie verströmen Grabesgestank. Man kann auch innerlich aufbegehren: Was willst du von mir? Warum gerade ich? Rück mir von der Pelle. Nimm jemand anders. Es gibt Bösewichte, die ich empfehlen kann.

Vielleicht mache ich mir das Leben zu leicht, wenn ich das, was in mir steckte, und alles, worin ich lange Zeit weilte, als Hölle bezeichne. Denn was berechtigt mich, von dem erlittenen Leid zu reden? Wer hat nicht gelitten? Woher habe ich das Recht, mein Leiden mit demselben Maß zu messen wie das Leid dessen, der in den Lagern verhungert ist, der lebendig in einem Leichenhaufen im Schnee gelegen hat, im Frost bei Tarnopol, der Stadt meines Vaters, dessen ganze Familie dort in einer riesigen Grube umgekommen ist, erschossen und als Souvenir fotografiert. Eine Frau hat mir mal eine Fotografie von Tarnopol gezeigt: Darauf sieht man eine Menge Menschen, auch meine Verwandten, sie stehen in zwei Reihen, und die deutschen Soldaten schießen auf sie, und gleich werden sie in den Graben fallen, den sie zuvor selber ausgehoben haben. Und ich erinnere mich an unseren Nachbarn, Herrn Gelbard, der Jahre in Auschwitz überstanden hatte. Er war ein Kunstschreiner. Fertigte zauberhafte Holzkästen für Nazis, die sie an Feiertagen gern mit nach Hause nahmen. Sie wollten nicht, dass er starb, aber er sah seine Kinder verschwinden. Und einmal im Jahr holte er seinen Kameraden zu sich, bat ihn, sich unter den Tisch zu setzen, den er aus ganz besonderem Holz getischlert hatte, und dann erzählte der Mann wieder und wieder, wie er mit seinem Baby im Arm unter einer Brücke gesessen hatte, zusammen mit zwanzig Flüchtigen aus dem Ghetto, wie dann Deutsche zu der Brücke kamen und sich zum Ausruhen niederließen und wie das Baby zu schreien begann und ihn alle mit traurigen, flehentlich wartenden Augen anstarrten, und wie er das Baby in seinen Armen erstickt hatte. Was bin dann ich mit meinem Leid gegenüber diesem Mann?

So gehe ich immer mit mir um. Ich versuche, die Dinge ins richtige Verhältnis zu rücken. In Wahrheit sind wir alle Grashüpfer, und ich bin ein Grashüpfer unter Grashüpfern und ein menschlicher Blutegel, und tatsächlich bin ich klein und unwichtig. Und der Krebs ist ein vielseitiger Großmeister, und manche sterben gleich und manche nicht gleich. Krebs ist kein bloßes Ereignis, ist kein Geburtstag, obwohl er zu den Dingen gehört, die sich im zeitlichen Rahmen abspielen. Er ist etwas, das dich töten möchte, im Geheimen lauert, dann hervortritt und zuschlägt.

Plötzlich holten sie irgendeinen Spezialisten, um mich zu untersuchen. Eine Schwester wusch mich im Liegen. Sie versuchen mir beizubringen, den Arm zu heben. Ich liege da und sehe die Schwester an. Sie sagt: »Umarmen Sie mich, dann kommen Sie hoch.« Mir ist unwohl dabei, ich weigere mich aus Scham, und sie sagt: »Yoram, behandeln Sie mich nicht als Frau, ich bin hier für Sie eine Pflegerin, halten Sie mich fest, umarmen Sie mich mit aller Kraft, Sie müssen stehen lernen«, und ich beleidigter Dussel möchte ihr erklären, dass eine Frau immer eine Frau ist, und betrachte die palästinensische Taube von der »Nakba« auf dem Fenstersims, und das Einzige, was ich außer diesem verflixten Zimmer sehen kann, ist das Fenster und das Draußen im Fenster, und die Lichter, die abends nach und nach verlöschen und frühmorgens vorm Fenster angehen, und ich kann in die Welt blicken, auf die Stadt und die Straßen, denen ich schon fremd bin, denn ich bin erledigt, und die palästinensische Taube scheißt, und die Schwester ist ja so sanft und scheint zu erröten, und hätte ich Kraft in den Armen, würde ich sie nach ihr ausstrecken und sie an mich drücken. Für mich ist eine Krankenschwester eine Frau, und sie möchte nicht, dass ich sie als Frau anerkenne.

Sie ist achtunddreißig, hat sie mir gesagt, und wie die meisten Krankenschwestern stammt sie aus Russland. Ihr Mann, der kein Jude war, ist mit ihrem Geld zurück nach Russland getürmt, sobald er ihre jüdische Abstammung nicht mehr brauchte. Sie hat lange ihre kleine Wohnung geputzt und in einer Nadelfabrik gearbeitet, und als sie eines Tages in die Hocke ging, um einen Fleck vom Fußboden aufzuwischen, war ihr eine Kakerlake in den Mund gekrabbelt. Sie erschrak und wollte sie ausspucken, aber die Kakerlake wollte nicht raus. Sie wurde hysterisch, nahm eine Gabel und steckte sie sich in den Mund, um die Kakerlake herauszuholen, und vor lauter Panik verschluckte sie die Gabel. Man brachte sie hier unten ins Krankenhaus, wo man die Gabel herausholte, aber die Kakerlake blieb unauffindbar. Sie besah sich die Röntgenaufnahmen von der Gabel in ihrem Bauch, nahm sie mit nach Hause und hängte sie in ihr kleines Wohnzimmer, und statt fernzusehen, setzte sie sich vor die Aufnahmen und lachte. Man schrieb einen Bericht über sie in »Sieben Tage«, einer Wochenendbeilage der auflagenstarken Tageszeitung »Yedioth Ahronoth«, und stellte ihn auch in die Online-Ausgabe. Daraufhin kam ein Mann aus Amerika und sagte, er hätte im Internet einen Bericht über sie und die verschluckte Kakerlake und die Gabel gelesen und beschlossen, Künstler zu werden und eine Ausstellung von ihren Röntgenaufnahmen zu machen. Seine charmante Idiotie gefiel ihr, und er zerschnitt und arrangierte die Aufnahmen von der Gabel und sagte, das sei originell und idiotisch, und deshalb würden Museen in aller Welt die Kollagen erwerben. Der Direktor des Tel Aviver Kunstmuseums schrieb einen großen Aufsatz über ihn, und der Mann aus Amerika nahm ihren Schuh zur Hand und leckte ihn von innen und sagte, er sei verrückt nach Damenschuhen, und als er erregt genug war, liebte er sie, und sie spürte den Geruch ihrer Füße in seinem Mund und begriff zum ersten Mal im Leben, was Glück bedeutet. So sagte sie. Die Ausstellung wurde ein großer Erfolg, und das Intellektuellenblatt »Ha'aretz« schrieb, sie betone die Gemeinheit der Massengesellschaft und den Äquator des Atlas und der Zukunft. Sie kauften eine Wohnung in der

Bloch-Straße, und ihr Exmann traf aus Weißrussland ein, weil er das Geld roch. Sie jagte ihn davon und fand Gefallen an der Schuhliebe ihres Partners, kaufte zehn Paar Schuhe und trug sie, und er leckte sie alle und ging in Nachbarwohnungen, um Schuhe zu stehlen, und im Haus sagte man, jemand klaue Damenschuhe, aber wie eine der Nachbarinnen dem Reporter des privaten Zweiten Fernsehkanals sagte, sah er gar nicht so aus wie einer, der Damenschuhe stiehlt, als gäbe es jemanden, der aussieht wie jemand, der Damenschuhe mitgehen lässt. Schließlich starb er vor Aufregung, und sie adoptierte einen Hund, gab ihm seinen Namen und kam, reich wie sie war, zur Arbeit ins Krankenhaus, weil sie auch unbezahlt gern Kranke sehen und ihnen helfen wollte.

Ich schlage die Augen auf. Finde mich einen kleinen oder, richtiger, verkleinerten Elefanten durch die Dizengoff-Straße spazieren führen, als sie noch sandig war, gerade gepflastert werden sollte und Hausbesitzer mit Schmerbauch dort Häuser kauften und verkauften, die zum Teil noch gar nicht gebaut waren. Und da wache ich auf. Was war das jetzt? Was passiert mir denn dauernd? LSD ist Kinderkram gegenüber den Drogen, von denen ich lebe und dank deren ich nicht leide. Ich verlasse das Krankenhaus und gehe an den Strand beim alten Sheraton, das längst nicht mehr da ist, weil die Deppen es abgerissen haben, und ich mache dort vergnügliche Spaziergänge, um einschlafen zu können. Ich blicke an die Decke. Die palästinensischen Tauben von der »Nakba« sind pfeilschnell mal kurz nach Mekka abgeschwirrt, dann in der Luft gekreist und zurückgekehrt.

Von weit unten an der Krankenhauspforte höre ich die

Sirenen der Krankenwagen, die an der Notaufnahme vorfahren. Das Besondere am Schmerz ist, dass man ihn nicht in Erinnerung behält. Man kann sich erinnern, dass man Schmerz empfunden hat, aber nicht daran, was und wie er gewesen ist. Man kann sich verflixt nochmal nicht an den Schmerz selbst erinnern. Vielleicht ist es die Weisheit des Körpers, alles, was mit Tod und Leid zu tun hat, dem Vergessen anheimzugeben. Ich tröste mich mit Lessings Ausspruch: »Es sind nicht alle frei, die ihrer Ketten spotten.« Aber ich habe nicht wirklich gespottet. Ich war nur in Fesseln gefangen. Zur Kontaktaufnahme musste ich meine müden Hände regen. Die Leute mussten erraten, was ich wollte. Ich war ein von Flüssigkeit aufgedunsener Körper voll verrückt spielender Hohlräume und versuchte, mit dem Finger auf die kleine Tafel mit den Buchstaben zu zeigen, aber meine Hände waren schlapp, und ich brachte es nicht fertig.

Eines Nachts fühlte ich mich unwohl, es war dunkel, ich schaffte es, den Notrufknopf zu finden, und klingelte. Es kam ein baumlanger Russe, der sich wie eine Fledermaus bewegte. Er stand vor mir und schien verstehen zu wollen, was ich wünschte. Er versuchte, hebräische Worte zu raten, und ich sah ihn an und fragte mich, warum ich ihn quälte. Er erzählte mir, er habe sechs kleine Kinder in Rischon Lezion, seine Frau sei erkrankt, seine Mutter treffe in zwei Tagen aus Russland ein, und da steht er vor mir wie ein riesiges und fast durchsichtiges Fragezeichen, aller Lebenskummer lastet auf ihm. Er hat hier Schwerkranke, und er ist müde, versucht zu ergründen, was ich will, und hat Mühe damit. Ich blicke ihn an und sehe tiefen Hass gegen mich, ich gehe ihm auf die Nerven. Ich möchte ihn trösten und kann nicht, bedeute ihm zu gehen. Er ist unschlüssig, was er tun soll. Schließlich tritt er ganz nah an meinen Körper, traurig, reuevoll, öffnet eine Öffnung in meiner Brust, verschiebt den Deckel, unter dem man mir die Drainage legt, und sagt »rede«, und ich entringe meinen Körpertiefen ein paar Worte, die vom Grund meines Leibes kommen, artikuliere meine Bitte, und er versteht und tut, was ich möchte, und verschließt die Öffnung, und fortan bis zu meinem letzten Tag im Isolierraum habe ich ihn nicht wiedergesehen.

Da mein Gehirn Todespausen einlegte und ich meistens auch nicht viel hörte, schwirrte ich zwischen Welten umher, verpflichtete mich – oder so habe ich es heute wenigstens im Gedächtnis, ohne mich zu erinnern, wem gegenüber –, einen glücklichen Tag in meinem Leben in Erinnerung zu behalten, um die Enttäuschung darüber zu nähren, dass ein Abschnitt zu Ende geht, dass ich auf dem Weg nach draußen bin, noch ein Monat, noch ein Jahr, fertig. Ich bin nicht tot. Ich bin fertig mit Sterben. Ich fange an zu leben. Das ist keine so tolle Angelegenheit. Vielleicht war es die Idee eines der Ärzte, der sah, dass die Fußballspiele, die ständig lautlos auf dem Bildschirm abliefen, bei mir keine Veränderung auslösten, ich sie im Grund gar nicht sah, sie wie eine visuelle Tapete waren, worauf er zu dem Schluss gelangte, dass ich einen schönen Moment, der sich tatsächlich ereignet hatte, erneut durchleben müsste, vielleicht um zu wissen, sicher zu sein, dass ich mal ein Leben gehabt habe. Ich dachte über etwas nach, das ich von jedem Zeitpunkt aus bedenken konnte. Der betreffende Tag war ein Schoßhund meiner Seele. Ich war in meiner Phantasie und konnte sie nicht aufgeben. Ich war mal ein Junge, und es regnete in Strömen, und ich wanderte in der Jesreel-Ebene von der Hauptstraße Richtung Kibbuz Bet Alfa. Die Bergzüge des Gilboa waren bedeckt mit dem, was sich »dichtes Gewölk« nennt, wobei hier vermutlich ein biblischer Überlieferungsfehler vorliegt. Das hebräische Wort, das hier für »dicht« steht, kommt in der Bibel nur ein einziges Mal vor, und einer seiner vier Buchstaben ist wohl mal mit einem ähnlich aussehenden verwechselt worden, aber es ist ein hübsches Wort, egal was es bedeutet. Es war jedenfalls neblig, und der Regen fiel nicht bloß, sondern prasselte auf mich nieder und hüllte mich ein. Es tat mir wohl, Teil des starken Regens zu sein, mit den Füßen im Schlamm zu versinken. Es war niemand bei mir. Nach einiger Zeit hörte es auf zu regnen, ein zweigeteilter Regenbogen erschien am Himmel, Wind wehte, und ich war müde. Ich legte mich aufs nasse Feld, in den Morast, neben mir blühten Narzissen und Hahnenfuß und rote und blaue Anemonen, der Luftzug berührte mich, und der Duft feuchten Düngers stieg mir in die Nase. Auf der Erde lag es sich bequem, ich blickte in die Wolken, sah sie ihre Formen bilden, und mir gefiel der Anblick von unten, auf dem Rücken liegend.

Und da liege ich im Bett und weiß nicht wieso, bin aus der Jesreel-Ebene heraus, es war ein Traum, Tränen sind mir in die Augen getreten, ohne dass ich wüsste warum, und ich möchte zu dem zurück, was mir immer so selbstverständlich vorgekommen ist. Ich erinnere mich nicht wirklich, was geschehen ist, weiß nur noch, dass es eine Panne gegeben hat, man mir eine weitere Öffnung in Hals oder Brust schneiden musste und man dann erst merkte, dass ich wieder reagierte. Ich fühlte mich teigig und schwer und nicht unwohl, war wie eine Art sämige Suppe, und ich mag sämige Suppen, aber sie essen, nicht in ihnen liegen. Ich wollte zu etwas Richtigem zurückkehren, zu etwas, das gegen den Zahn der Zeit gefeit ist. Leute haben Bücher darüber geschrieben, wie sie aus dem Tod zurückgekehrt sind. Sie schilderten Lichter. Einen Tunnel. Funken. Das ganze Leben, das an einem vorüberziehe. Unsinn. Es gibt nur einen einzigen Tod, wenn die Toten sich auch unterscheiden. Und wenn es nur einen Tod gibt, dann ist der Tod, den die Leute gern beschreiben, nichts als Einbildung oder Lüge. Es gibt nichts Reales im Nichts. Der Tod ist nichts Konkretes, sondern das Ende der Hirntätigkeit. Zwei, drei Wochen war ich an diesem Ende. Dort ist nichts. Bloß Schlamm.

Ich versank im Schlamm wie damals vor über sechzig Jahren in der Jesreel-Ebene, unterwegs nach Bet Alfa, und erinnerte mich, wie ich nach Tel Aviv zurückgetrampt bin, zu meinem Meer. Und ich sehe das Fenster und fliege hinaus nach Nord-Tel Aviv und staune über diese Reise, fast wie Jotam der Zauberer, und ich bin der verrückte Max, noch ein Held meiner Kindheit, an der Volksschule des Lehrerseminars, an der meine Mutter Sarah unterrichtete und die wir alle besuchten: meine Schwester und Rina und Sarah und Mina und Amos und Amihud und Schalom und Chana Ehrenkranz und Schlomit und Silpa S. mit dem Büstenhalter und Ora Becker und Avigail Soroka und Nachman und Nachum Schomroni und ich und wer nicht noch alles. Und ich saß auf den Hügeln bei Max dem Verrückten, der Filzhausschuhe trug und eine Wetterfahne auf seine Baracke gesteckt hatte und so richtig nur all das mochte, was im Meer kriecht oder schwimmt. Er sagte, es sei unser Glück, dass wir mal Fische gewesen seien, und er sah bei mir Kiemen und zeugte mich als Fisch, und so stammte ich nicht von meinem Vater Mosche, sondern von einem Fisch ab. Und wenn er, wie jeden Tag, seinen Witz von dem Jecken wiederholt hatte, der drei Hunde hielt und nach ihnen rief, und einer kam, einer kam nicht, und einer kam oder nicht, erklärte er, nur das Meer sei *Heimat*, Heim, der Ort im tiefen Sinne, ein Wort, das wie kein anderes den Ort der Zugehörigkeit bezeichne, in keiner anderen Sprache als der deutschen gebe es ein besseres dafür – ja das Meer sei die wahre Heimat der Juden, denn ihm hätten sie nie gedient. Aber eigentlich richtete er seine Worte an Lehrer Vitkin, der seinem Sohn Tel Chai Abend für Abend jüdische Heldengeschichten vorlas: die »Erinnerungen an das Haus David« in den blauen Bänden des Jesreel-Verlags und die Geschichten über den Haschomer und die Geschichten über NILI von Jaari Polskin und das »Buch der Hagana« und Geschichten vom Aufbau des Landes und der Jüdischen Brigade.

Tel Chai Vitkin hörte verschüchtert zu, und sogar der Lehrer Gedaljahu Ben Chorin fand, dass Lehrer Vitkin es übertrieb, obwohl er ihn von Herzen liebte. Sie wohnten Haus an Haus in der Jehoasch-Straße, vierzig Jahre netzte das Meer ihre Häuser am leeren Hafen von Tel Aviv, und der Lehrer Gedaljahu Ben Chorin verzieh dem Lehrer Vitkin ebenso wenig, wie er Blutundfeuer die Vorträge verzieh, die er uns über die hebräische Armee hielt, die wir mal sein würden. Und bei der italienischen Bombardierung Tel Avivs erlag er einem Herzschlag, ohne Vitkin seine lautstarken Vorwürfe gegen die Juden verziehen zu haben, die in der Schoa nicht bis zum Tod gekämpft hätten, sondern wie Lämmer zur Schlachtbank gegangen seien. »Wir sind hier anders!«, schrie Vitkin. »Wir werden siegen! Auch die Deutschen werden wir besiegen!« Und wir empfanden Zuneigung, vermischt mit gutmütigem Spott für diese beiden Alten, beides bescheidene, grundehrliche Seelen, und konnten uns nicht entscheiden, mit wem wir lieber die hebräische Armee oder den hebräischen Staat aufbauen würden – nach der Vision von Lehrer Vitkin oder der von Gedaljahu Ben Chorin.

Wir marschierten in mustergültiger Ordnung am Jarkon entlang und traktierten einander mit Schilfrohren, um für den künftigen Krieg gegen den britischen Feind zu üben und Finten und Kriegslisten zu erlernen. Und Frau Leipzig vom Lebensmittelladen, die Vitkin noch mehr hasste als seinen Kollegen Gedaljahu Ben Chorin, sagte, hier würde keinerlei Armee entstehen, ob hebräisch oder nicht, hier gebe es Schakale, denn die höre sie bei Nacht, und von den Hügeln her höre sie sehr wohl meine Mutter Sarah singen: »Dort gibt's Wölfe«, und meine Mutter sang auch: »Wie schön sind die Schakale von Kanaan, wie die Nächte, die kühlen und klaren, und das Ödland …« statt »Wie schön sind die Nächte von Kanaan«. Und es kamen tatsächlich Schakale, und Frau Leipzig hatte Angst vor ihnen und sagte, nur Nazis würden kommen und keine Araber, denn Araber fürchteten sich vor Hyänen, die bei ihnen *Debbas* hießen, und die Hagana hielte haufenweise *Debbas* auf geheimen Zuchtfarmen in den Kibbuzim. Und sie meinte, alle beide, der Lehrer Vitkin wie der Lehrer Gedaljahu Ben Chorin, seien böse Menschen, denn sie seien Zionisten, und derentwegen habe sie aus dem kultivierten

Deutschland nach Palästina mit seinen Falafeln und Sabres flüchten müssen.

Vor lauter Abneigung gegen seine Frau begann Lehrer Vitkin, sich Senf ins Ohr zu schmieren, damit es ihr eine Lehre wäre, wenn sie daran knabberte, denn sie war in der Mapai und er in der Fraktion II, die sich von der Mapai abgespalten hatte. Und bald machte er es sich zur Gewohnheit, an Bleistiften zu knabbern, eine Beschäftigung, die er auch gegen Albion pflegte, das heißt gegen Großbritannien, das er so gern verkleinert sehen wollte. Er besaß eine Sammlung von Hunderten angeknabberter Bleistifte, die er gern für die Wissenschaft oder für die Hagana spenden wollte, aber er gestand uns, dass beide kein Interesse daran bekundet hätten. Sein Gesuch war von einem erregten Brief begleitet gewesen, in dem er bat, man solle eine Salbe gegen die Briten erfinden, aber er konnte nicht sagen, welche biblische oder moderne hebräische Wissenschaft angeknabberte Bleistifte brauchen könnte. Er entfaltete einen solchen Eifer für die bevorstehende zionistische Revolution, dass er sich fortan weigerte, das Dach in der nahen Jorde-Hasira-Straße zu teeren, weil er auf der Fußmatte vor der Eingangstür ein Exemplar des linkssozialistischen Blattes »Hamischmar« liegen gesehen hatte und weil die Genossen dieser Bewegung dauernd »stark« und »stark und mutig« riefen.

Vitkin war schwer beleidigt, als böse Zungen auf Frau Leipzigs Betreiben Folgendes verbreiteten: Während er, Vitkin, auch an Regentagen ohne Jacke und mit Sandalen wie die König Davids aus dem Haus ginge, schließe sein teurer Sohnemann Tel Chai, der künftige Held des ewig währenden Israel, bei derselben Gelegenheit die Fenster und hülle sich, o Himmel, welch Entsetzen, in eine Decke, und zum Schluss gehe er eingemummelt aus, ja eingemummelt in einen Pullover, einen richtigen Pullover, wie so ein hergelaufener Diasporajude. Der arme Lehrer Vitkin vernahm es und jammerte: »Aus meinem geliebten Sohn wird kein Bar Kochba mehr werden. Er trägt einen Pullover«, worauf man ihm sagte, Bar Kochba habe im Winter sicher selbst einen Pullover getragen, denn große Krieger könnten Kälte und Hitze spüren, wann immer sie wünschten, aber er wollte es nicht hören. Er erblickte jetzt im Bleistiftknabbern einen Sieg über die dekadente Diaspora, wo die Menschen sich »jeden Unsinn« aufbinden ließen, wie er sagte. Und sein Sohn Tel Chai rächte sich an dem Lehrer Gedaljahu, indem er mittels Frau Leipzig das Gerücht verbreitete, Gedaljahu würde, auf einem Stuhl sitzend, mit den Füßen Klavier spielen.

Vitkins Hauswirt war der Doktor der Philosophie Salman Selikowitz, dessen Frau vor Jahren verschwunden war, wobei solche, die Näheres wussten oder nicht wussten, behaupteten, sie sei mit einem feschen, blonden polnischen Offizier von General Anders' Exilarmee durchgebrannt, die damals in Palästina stand. Salman Selikowitz hatte auch eine hübsche Tochter. Eines Tages fiel Vitkin auf dem Mugrabi-Platz in Ohnmacht, als die Brille seines geliebten Sohnes beim Aufbau einer riesigen menschlichen Pyramide in Form eines Davidssterns herunterpurzelte, der Tel Chai, der flinkste und wendigste von allen, als Spitze diente. Beim Versuch, seine entgleitende Brille aufzufangen, brach die ganze Pyramide zusammen, die doch sage und schreibe die Auferstehung des hebräischen Volkes in seinem ureigenen Land symbolisierte. Was den Schmerz und die ideologische Bedrängnis noch steigerte, war der Umstand, dass Frau Leipzig herausbekam, dass Tel Chai Vitkin sich in Selikowitz' Tochter verliebt hatte, und sie diese Nachricht ihrem großen Feind, dem Zionisten Vitkin, auch gleich persönlich überbrachte, um seinen Sohn anzuschwärzen, denn sie mochte lieber hassen als lieben.

Der entgeisterte Vitkin ließ seinen Filius niedersitzen und hielt ihm einen dreistündigen Vortrag über den Zionismus, über Selbstdisziplin als Weg zur nationalen Wiedergeburt, über Vergeistigung, über die Liebe zum richtigen israelischen Menschen, über Kriegslisten und den Sieg des sozialistischen jüdischen Menschen über die Natur. Doch da erschien die hübsche Tochter von Selikowitz, der auf seine alten Tage ein Revisionist geworden war und die Zeitung »Hamischmar« mal nach zwei Arabern geworfen hatte, die unterwegs zum britischen Militärstützpunkt vorübergekommen waren, dort wo heute das Hilton Hotel steht – seine Tochter also spazierte vor ihnen vorüber und geriet in einen Luftzug vom Meer, der ihren Rock bauschte, und Tel Chai, von ihrer Schönheit überwältigt, sprang wie von Amok gepackt auf und rannte ihr nach, und der Lehrer Vitkin sah aus wie das Standbild eines schmerzergriffenen biblischen Fürsten. Selikowitz' Tochter nahm Tel Chai mit zur Hochburg der Revisionisten, der nach Wladimir Se'ew Jabotinsky benannten »Mezudat Se'ew« – der »Wolfsfeste«, die damals erst zum Teil erbaut war, und dort exerzierte er in brauner Uniform wie die Italiener und fing an, einen braunen Schrägriemen zu tragen und von Gladiatoren und dem Königreich Israel zu reden. Frau Leipzig kommentierte das mit den Worten: »Er ist dem Zauber des Gojs verfallen«, worauf wir ihr erwiderten, dass Selikowitz kein Goj sei, sie aber beharrte, wenn er kein Goj sei, dann hätte er einer sein müssen, und noch draufsetzte, »und was für einer«, und zum ersten Mal seit ihrer Ankunft aus Deutschland sahen wir ein Lächeln auf ihrem Gesicht erstrahlen. Sogar Ben Chorin bestätigte später, »wirklich das erste Lächeln, seit ihrer Ausschiffung im Tel Aviver Hafen, wo wir hingegangen waren, um für die armen Einwanderer ›Die Räder der Welt knirschen im Werk‹ zu singen, und wo die Ankömmlinge in ihren Anzügen dastanden und uns anblickten und dachten, sie seien in Afrika gelandet«. Und Frau Leipzig lächelte und sagte: »Warum, was denn, hab ich's etwa nicht gesehen? Einmal, wisst ihr, hat er's gemacht, im Sand, vor meinem Laden, er hat, wisst ihr, den Garten ohne Schlauch bewässert, *naturell*, und ich sage dir, Kind, solche Juden gibt es nicht.«

Miranda war noch nicht da, auch nicht Naomi. Und Selikowitz' Tochter rief: »Ihr seid allesamt total von Sinnen, am Herzen verkrüppelt«, und was soll ich ihr sagen? Ich flehe sie an, mich in Ruhe zu lassen und zu begreifen, dass ich hier beatmet werde, im Ichilov liege, an den Strömen Babylons oder womöglich an den Strömen des Dnjepr, willenlos, sie tun mit mir, was sie wollen, wischen mich ab, spannen mich über die Bettkante, und auf einmal bin ich auch ein Goj, warum nicht, ich werde eine Armee für den Krieg gegen die Ärzte aufstellen. »Und ihr«, sagte Selikowitz' nationalbewegte Tochter, »werdet nicht mehr die Nachfahren der Makkabäer sein, egal ob mit ›kk‹ oder ›cc‹ geschrieben, und auch nicht die Helden, vor denen die Diasporajuden so erschrocken waren, dass sie sie in der Bibel unterschlagen haben, sodass ihnen nur noch die Klagelieder und Trauertiraden darin blieben. Und wenn du mich noch einmal als Goja bezeichnest, verlass ich dich und verpfeif dich bei der Etzel, damit sie dich erledigen.«

Die ganze Sache mit den Verleumdungen hatte damit angefangen, dass der verrückte Max herumerzählte, Lehrer Vitkin habe bei den Unruhen von 1936 einen Araber gerettet und aufs Dach geholt, während Gedaljahu Ben Chorin das Haus belagerte, um den Araber gefangen zu nehmen. Vitkin schützte den Araber mit einem alten türkischen Karabiner, den er auf dem Hängeboden gefunden hatte, und deshalb nannten wir ihn hinterher »Araber auf dem Dach«, denn man hätte ihn wohl schwerlich »Vitkin, der einen Araber auf dem Dach versteckt hat« nennen können, und damals kapitulierte Vitkin nicht mal vor Frau Leipzig, die kaum hundert Worte Hebräisch konnte und den Araber an die Hagana ausliefern wollte. Der stolze hebräische Lehrer Gedaljahu, der mich in der Mischna unterrichtete, half dem verrückten Max und mokierte sich nicht darüber, dass wir mit ihm befreundet waren, schwärzte uns auch nicht an, weil wir ihm Essen brachten, und er lehrte uns, die Windrichtung zu bestimmen, Entfernungen und Temperaturen zu schätzen und zu raten, »ob denn Regen fallen werde«, wie Lehrer Gedaljahu sagte, der die weichlichen Propheten nicht mochte und rief: »Niemals wird ein Löwe mit einem Böcklein zusammenwohnen.«

Lehrer Gedaljahu Ben Chorin erzählte, die verleumderische Frau Leipzig behaupte von dem verrückten Max, er sei Tierarzt in Leipzig gewesen, in Deutschland, dem Frau Leipzig immer die Bezeichnung »das Verfluchte« beifügte und Übles nachsagte, sobald sie ein paar Brocken Hebräisch gelernt hatte. Und Lehrer Gedaljahu sagte, Max wisse, ob Regen fallen werde oder nicht. Und so verlaufen meine Tage, inhaltslos, vage. Sind Vitkin und Ben Chorin Phantasien, wie Schwester Natascha meint? Und die Menschen, die bei mir ein und aus gehen – wer sind sie? Im Krankenhaus sind sie wie trübe Wasser. Das Isolierzimmer ist abgesondert und desinfiziert und vielleicht stinkig, obwohl ich wegen des Beatmungsgeräts nichts rieche. Ich hatte es wohl nett gefunden, zu einem Teil meiner Kindheit zurückzukehren, zu damals, als ich noch lebte. Als ich eine Zukunft hatte. Die Erinnerungen und die Phantasien vermischten sich mehr und mehr mit einer völlig unnötigen Wirklichkeit. Im Krankenhaus ist es heiß oder kalt, ich erinnere mich nicht mehr. Ich hatte Nasenbluten, weinte bitterlich, ohne zu wissen, warum und wieso. Ich dachte, wenn es stimmt, dass Miranda mich vom Tod errettet hat, dann war's das offenbar wert.

Ich sage zu ihr, Miranda, Süße, Darling, mein Augapfel, du hast mich einmal gefragt, warum die Juden ihre Schwiegermutter über die Gojim ausgießen, und ich habe dir erklärt, dass »Schwiegermutter« auf Hebräisch *Chamot* heißt, nicht *Chama*, und in der Pessach-Haggada steht: »Gieß ›deinen Grimm‹ – *Chamatcha* – über die Gojim aus« und nicht *Chamotcha*, »deine Schwiegermutter«. Und in unserer Familie bin ich ja die jüdische Minderheit, unsere Töchter sind beim Innenministerium unter dem Namen einer neuen und unbekannten Nation registriert, die sich »amerikanisch« nennt, irgendwas zwischen Brasilien und Süd-Dakota vermutlich, und du hättest mich keineswegs vom Sterben abhalten müssen. Und warum ist es überhaupt dermaßen wichtig, ob alles, was war, tatsächlich geschehen ist oder nicht? Warum soll die Wahrheit immer so heilig sein? Gibt es überhaupt eine Wahrheit? Wenn ich meine, etwas gesehen zu haben, dann habe ich es gesehen.

Heute, im Rückblick des Wiedergekehrten, bin ich mir bewusst, dass das alles abwegig klingt. Ich bin schon zu Hause. Ich bin Yoram, »ein gerettetes Holzscheit in Israel«, ein Ausdruck, den der alte Chassid von gegenüber gern benutzte. Er mochte mich. Oder so träumte ich. Sein Sohn, der Talmudstudent, der ebenfalls Chassid war, stand am Schabbat gern am Tor seines Hauses auf der anderen Straßenseite, das seither abgerissen und anders wiederaufgebaut worden ist, und wenn am heiligen Schabbat jemand kam und seinen Wagen vor meinem Haus parken wollte, half er ihm und dirigierte ihn und rief: »Dreh mal 'n Stück rechts rüber!« Und sein Vater, der Chassid, mit dem größten »kleinen Tallit« in der Straße, rief beim Anblick seines Sohnes, der am Schabbat Autofahrer einwies, lachend vom Balkon herunter, das sei nach dem Religionsgesetz nicht verboten, worauf ich ihn daran erinnerte, dass dies eine Mizwa sei, die auf einer Übertretung fuße, oder umgekehrt, und der Rabbiner meinte darauf schmunzelnd: »Will ein Sachkenner sein, dieser Epikureer, und auch noch ein Witzbold.«

Es erscheint nicht einleuchtend, nicht mal einem angeknacksten Geist wie meinem, dass ich tatsächlich mit der Bahn von der Weizmann-Straße zum Totengarten in Kirjat Schaul gefahren sein soll, um einen Krebs zu suchen. Wir sind hier nicht in Mexiko, und da wir nicht in Mexiko sind, kehre ich jetzt halt zu meinen Freunden von 1956 zurück und fahre von Texas nach Mexiko, zu der Frau, die ich damals hatte. Vielleicht ist sie heute noch dort, ich bringe die Zeiten durcheinander, ich phantasiere wieder, werde gestört und phantasiere erneut. Und es gab damals eine Hazienda auf dem Weg nach Guatemala, und wir tranken Unmengen von Tequila, und es kam ein Mann, um mit Flügeln zu fliegen, die ihm eine Frau genäht hatte, die wie ein Hahn krähen konnte, und ich kaute einen Kaktus namens Peyote und saß tagelang da und sah im Kopf eine Folge von Filmen in Walt-Disney-Farben und war sicher, dass ich sie wirklich sah, tolle Filme, Esther Williams sprang ins Schwimmbad, und Ricardo Montalbán, der gelackte Affe, sang für sie, und das Schwimmbad war von Tausenden von Birnen erleuchtet, aber das passierte in Wahrheit im Krieg, 1948, als wir uns den einzigen Film ansahen, der in der bombardierten Stadt lief, und die Phantasien sind keine Träume. Estherke springt ins Wasser, siebzig Jungfrauen in Badeanzügen drehen Estherke im Schwimmen auf dem Rücken, und ich verspüre das dringende Bedürfnis zu erklären, dass auch ich zum Opfer fiel.

Ich versuchte mich also im langsamen Fortschreiten meiner Genesung zu verorten, so ich denn genese. Die Krankheiten treiben ihren Schabernack mit uns. Hinterher wird man ja nach Metastasen schauen und weitere unangenehme Untersuchungen vornehmen, ehe ich weiß, ob ich ganz genesen bin. Und was heißt »ganz«? Wie lange hält dieses Ganz? Und all das in der Annahme, dass das Leben tatsächlich einen Sinn hat, dass all diejenigen, die von »sich selbst finden« und »man selbst sein« und »wie man sich selbst verwirklicht« sprechen, keinen kompletten Unfug reden, »Windhauch und Luftgespinst«, wie der Prediger Salomo zu sagen pflegte. Welchen Sinn kann das Leben denn schon haben? Der Tod erwartet alles Lebende. Und was bedeutet »Seele«? In der hebräischen Bibel gibt es keine Seele. Die richtigen Juden hatten keine Seele. Haben sich nicht damit befasst. Erst später im Talmud begann die Seele eine so wichtige Rolle zu spielen. Damals fing man an, Leichen in der Erde zu begraben. In einigen Jahren werden die sechs Millionen Menschen sterben müssen, die heute in Israel leben, und wo soll man dann Platz finden, um sie zu begraben? Und was ist die Bedeutung des Lebens, von der alle reden? Die Lebenserwartung liegt heute bei achtzig Jahren. Ein Drittel dieser achtzig Jahre verschlafen wir, die ersten Jahre verpassen wir, weil wir uns nicht wirklich daran erinnern können, und die letzten wegen Krankheiten und Gedächtnisschwund, und Jahre vergeuden wir mit Warten, dass die Ampel auf Grün umspringt oder die Telefonverbindung zustande kommt oder der Computer hochgefahren ist oder das warme Wasser nach dem kalten zu fließen beginnt, und drei bis vier Jahre verbringen wir auf der Toilette – es gibt keine Bedeutung, das Leben ist wie ein Rülpser, ein unwillkürlicher Akt, wir sind wie Algen, sie und wir haben keinen Grund zu leben, außer um uns fortzupflanzen und weitere Lebewesen zur Welt zu bringen, die keinerlei Existenzgrund haben, und welche Bedeutung hat ein Berg oder ein Stein. Der zwanghafte Drang der Menschen, nach Bedeutung zu suchen, ist sehr enttäuschend. Hätte das Leben Sinn und Bedeutung, wäre das in unserem genetischen Code festgeschrieben.

Plötzlich war ich kein weiteres Fragezeichen in meinem Hohlkopf, mit kurz aufflackernden Erinnerungen und flüchtigen Träumen, sondern ein Mensch mit einer Arbeitsthese. Doch ich stinke und sehe aus wie ein mit Heißluft aufgeblasener Bulle, ich bin ein Riesenrad. Ist der Krebs wirklich mit Absicht in mich eingedrungen? Bin ich wirklich die Eduard-Bernstein-Straße entlanggegangen, und er hat gerade mich befallen und gerade damals? Wie kann das Leben Bedeutung haben, wenn du weißt, dass du ins Nichts stirbst? Und wenn du stirbst, ohne ein Leben nach dem Tod zu haben, hat es keinen Sinn, nach einem Sinn zu suchen. Jener Krebs und mein Krebs sind auch zufälliger Art.

Aber jetzt befinde ich mich an anderer Stelle, ich fahre meinen armseligen Peugeot, der Wagen geht wieder mal kaputt, und ich schwinge mich auf das Fahrrad, das ich in meiner Jugendzeit hatte, erreiche ein Kaufhaus und setze mich über eine riesige Halle, anscheinend in Hamburg, und es ist ein sehr großes Kaufhaus, Zehntausende von Kunden durchstreifen es wie berauscht und kaufen unaufhörlich alles, was ihnen in die Finger kommt. Wie ich merkte, saß ich in einem riesigen Kronleuchter, der aus bunten Glasstückchen bestand, wie ein Kaleidoskop. Er hatte einen Durchmesser von zwanzig oder dreißig Metern, eine mächtige Tiffany-Lampe, ganz und gar Glasplättchen in verschiedenen Farben. Ich erinnere mich nicht mehr, wie lange ich zwischen den Glasscherben gesessen habe und wie ich dort hingelangt und woher ich hochgeklettert war, doch ich wusste, dass man mich sehen konnte, denn ich sah mich selbst. Unten, etwa zehn Stockwerke unter mir, erkannte ich den Schweizer Verteidigungsminister, und ich weiß nicht mehr wie, aber ich wusste, er ist es, und ich meinte auch den dicken Schweizer Soldaten in getigerter Kampfuniform zu erspähen, den ich fettschwabbelnd über den Züricher Bahnhof hatte rennen sehen und später in ein Gedicht einbrachte: »Wohin rennst du, Schweizer Soldat? Was bedroht dich, Schweizer Soldat?« Und ich sah Chamutal Ansky unten gehen, mit einem Trupp Leute, von denen ich keinen erkannte außer dem Verteidigungsminister. Als sie mich entdeckte, wurde sie wütend, schrie mich an, ich solle herunterkommen. Ich schrie zurück, ich könne nicht, sei in einer berühmten Tiffany-Vase eingesperrt, oder vielleicht sei es jetzt schon ein Kristalllüster, und ich könne mich nicht regen. Ehrlich gesagt, hatte ich auch keine Lust, ganz und gar keine Lust, hinunterzuklettern, obwohl ich unbequem saß und schwankte und dem Absturz nahe war. Chamutal Ansky rief wieder, ich solle herabkommen, erklärte, sie habe eine Gruppe Journalisten aus Frankreich mitgebracht, die mich interviewen wollten, um zu erfahren, warum, wann und wie ich gemerkt hätte, dass ich gestorben war, und wie es sei zu sterben, wie es sich anfühle, ins Leben zurückzukehren, und ob sich das überhaupt lohne, denn danach müsse man ja einfach auf das nächste Mal warten, das auf jeden Fall käme. Und ich erwiderte Chamutal Ansky, der schönen und eleganten Frau, sie solle mich in Ruhe lassen, ich lebte hier nicht, um davon zu erzählen. Mein Tod war höflicher als dein Leben, ich bin müde und möchte schlafen, habe weder Interesse an französischen Journalisten noch am Schweizer Verteidigungsminister, und die Franzosen würden mich sicher beleidigen, weil ich ihre lächerlichen Wörter nicht gut ausspreche, denn sie schreiben *beaux-arts*, sagen aber »bosar«, und Chamutal bat mich weinend, herabzusteigen. Ich sah von unten – wie, weiß ich nicht –, dass ihre Begleiter sehr verärgert waren, und es tat mir leid um Chamutal, diese liebe Frau, die einer Bande antisemitischer Franzosen in die Hände gefallen war, aber ich konnte leider beim besten Willen nicht helfen. Ich blieb geduckt zwischen den bunten Glasstückchen sitzen, nahm mich sehr in Acht, aber sie schnitten mich, es tat mir weh, und doch wollte ich bleiben, denn ich versuchte zu begreifen, warum ich in einem Riesenlüster schlief.

Ich erwachte aus der potenziellen Begegnung mit den Franzosen und versuchte herauszufinden, ob es tatsächlich passiert war und ob auch der Schweizer Verteidigungsminister dabei gewesen war, und mir fiel ein, dass mir ein Freund einmal gesagt hatte, an der Tür des Schweizer Verteidigungsministeriums stehe: »Im August bleibt das Verteidigungsministerium geschlossen.« Ich wollte das Schwester Regina erzählen, und sie merkte auch, dass ich Sprechbewegungen machte, hob aber die Hände und sagte: »Tut mir leid, ich bin beschäftigt, hab jetzt keine Zeit, zu raten, was Sie sagen möchten.« Und da fiel mir ein, dass ich mal gehört hatte, am Tor der Reformsynagoge in Houston, Texas, stehe: »Geschlossen wegen der jüdischen Feiertage«. Schwester Regina kam, um mir eine Spritze zu geben, und ich hätte sie gern gefragt, woher sie das zwanghafte Bedürfnis habe, mich andauernd zu stechen, und ich beobachtete eine Weile die Fußballspieler, die mit einem Mann stritten, der sicher der Schiedsrichter war, und ich fragte die Schwester, ob sie Chamutal Ansky gesehen habe, brachte aber ja keinen Ton heraus, und sie zuckte die Achseln. Und ich lag im Bett auf der aufgeblasenen Gummimatratze, die meine wunderbare Naomi mir gekauft hatte, als ich auf die Station kam, und war apathisch.

Sarah vom Café Tamar in der Sheinkin-Straße sagte mir hinterher – ich meine, Monate später, als ich zu ihr ins Café kam –, ich sei nicht gestorben, weil man mich dort nicht haben wollte. Und Sarah hat ja Einfluss auf uns alle, und gewiss auf den Tod. Sie teilt Knoblauchzehen an die aus, die ihr lieb und teuer sind, und rettet sie. Sie kennt auch alle, die gestorben sind, und ihren Worten glaube ich. Früher habe ich ihr Café nur besucht, um sicherzustellen, dass ich lebe, denn sie weiß von den Toten, ehe sie es selbst wissen.

Ins Krankenhaus kam einer, der mich Lazarus nannte. Ich sah eine archaische Landschaft vor Augen. Das Land der Väter. Ein Mönch in brauner Kutte besuchte mich. Ich fragte ihn, ob Lazarus tatsächlich wie ich vom Tod zurückgekehrt war, und er antwortete, bei ihm seien drei Zeugen dabei gewesen, Maria Magdalena und ihre Schwester Martha. Ich fragte, wer noch, und er sagte: »Sicher Gott«, und lächelte. Mir schien, ich würde im Bett liegen und phantasieren, und dann wusste ich mit Sicherheit, dass ich phantasierte, und ehrlich gesagt tat es mir gut, zu phantasieren, denn ich hatte Angst davor, wieder zu leben. Der Tod war bequem, die Rückkehr banal, unnötig, ich fürchtete mich, wieder ins Leben einzutreten, mich um die Miete zu kümmern, neue Hosen zu kaufen, meine Schwester anzurufen, um mich nach ihrem Befinden zu erkundigen, denen Geld zu spenden, die mich am Telefon darum bitten. Hier gibt es kein Telefon, Miranda beantwortet die Anrufe, ich brauche nicht zu sprechen, muss mich nicht rechtfertigen, ich bin schwer krank und darf alles. Was soll ich machen, wenn ich wirklich zurückkehre.

Der Mönch, der mich im Krankenhaus besuchte, saß bei mir, und ich sprach ihn an, denn er schwieg zunächst. Er sagte, er sei deutscher Abstammung, sprach aber fließend Hebräisch und erklärte: »Sie reden vom heiligen Antonius und von Hieronymus und davon, wie Lazarus vom Tod zurückgekehrt ist«, und ich fragte ihn, woher er wisse, dass ich über Hieronymus und über Antonius geredet hätte, und er antwortete, er habe Bücher von mir gelesen, die sowohl Hieronymus-Zitate enthielten als auch »Verlangen nach dem Christentum und Liebe zum Christentum sowie Hass darauf«. Und er erklärte, jetzt sei das Jahr 1967, »und ihr habt erobert und befreit und vereint«, und ich fragte verblüfft, wieso denn 1967, und er wirkte ärgerlich und sagte: »Der Talmud ist ein Buch voll fruchtloser Debatten über irrelevante Dinge. Das ist eine Religion ohne Ethos, ohne Dogma, ohne Mythos, ohne Prachtentfaltung, ohne Kathedralen, ohne Geheimnisse, ohne Gott, ohne Musik, ohne Ritual, ohne Kult, ohne herrliche Malerei, ohne Teufel, mit Engeln, die nur Abgesandte sind, ohne Hölle im Himmel, ohne eine schmerzende Sünde, wie es die Erbsünde ist, eine Religion, die Geschwätz hochhält, die Kindern die Gesetze über die Unreinheit der Frau während der Menstruation einpaukt, die über verschiedene Hinrichtungsarten unterrichtet, die lehrt, dass man erbarmungslos jeden umbringen darf, den Gott zu töten befohlen hat, eine solche Religion ist keine Religion, sie ist Unfug. Und was noch stärker ins Gewicht fällt – ihr habt keine geistigen Väter, nicht mal euer Messias kann wirklich kommen, euer Messias ist nichts als ein Sehnen, denn ihr glaubtet nicht an den Messias, der gekommen ist und Christus heißt.« Und ich sagte ihm, gerade das gefalle mir bei uns, obwohl ich keineswegs religiös sei, und er gab verärgert zurück: »Eine Religion ohne Wunder ist wie ein Brief ohne Unterschrift.«

»Im Judentum, das keine echte Religion ist, sind im Lauf von dreitausend Jahren sehr wenige Wunder geschehen«, erwiderte ich ihm, »der Einsturz der Mauern Jerichos und der Krug Öl, der nach der Entweihung des Zweiten Tempels, obwohl er nur die Menge für einen einzigen Tag enthielt, für acht Tage reichte, bis neues Öl erzeugt werden konnte, und das Wasser, das Moses aus dem Felsen sprudeln ließ, und daher ist die jüdische Wunderhäufigkeit ziemlich gering, sodass es kaum etwas zu erwarten gibt, und Religion ist Geheimnis.« Und ich zitierte dem Mönch Dostojewski, der schrieb, das Christentum beruhe auf dem Wunder, dem Geheimnis und der Autorität, und er sagte: »Das Christentum ist nicht gedankenloses Murmeln von Gebeten und die Beschäftigung mit Urin, Kastration, Geringschätzung der Frau, Unzucht. Eure Kinder müssen auswendig lernen, wann eine Frau des Beischlafs würdig ist. Wo gibt es bei euch Barmherzigkeit und Glanz, und wo habt ihr Heiligtümer?«

Ich wartete, bis er geendet hatte, weil ich ihn nicht kränken wollte. Er sollte nicht denken, ich sei unhöflich, weil ich ein Besatzer bin. Gleich darauf fuhr ich mit ihm zu einem hochgelegenen kleinen Stützpunkt, um vor Soldaten zu sprechen, oder vielleicht waren es Angehörige der vormilitärischen Jugendorganisation Gadna, gewissermaßen bedauernswerte Besatzerkinder, oder wer auch immer, wie soll man das heute noch wissen. Ich sprach von unserer reinen Gerechtigkeit, vom jüdischen Schicksal, das uns oft keine andere Wahl lässt als den Existenzkampf, von Aufstieg und Ankunft, von brüderlichem Zusammensein und von »Kameradschaft« als mystischem Lied, das unsere Wirklichkeit jedoch nicht bestimmt, und von einem Volk,

»das die Schützengräben seines Lebens nicht aufgibt«, wie Nathan Alterman dichtete, und von »glücklich ist, wer im Geiste von Tel Chai stirbt«, im Anklang an den berühmten Satz, den Josef Trumpeldor dort sterbend gesagt haben soll: »Gut ist es, fürs Vaterland zu sterben.« Und ich sprach von der Kraft des Geistes und vom Geist der Kraft, und von Hesekiels Aufruf »in deinem Blut lebe«, und von dem Land der Öde und der Herrlichkeit, und über Gott von den Bergen, und von den Fallschirmjägern, die 1967 an der Klagemauer weinten, und er hörte es, lächelte und schwieg, und ehe wir uns verabschiedeten, sagte er: »Der Eroberer ersticke an seiner Eroberung.« Ist das alles passiert? Vielleicht komme ich nach und nach wieder zu mir.

Die Ärzte schleichen die Medikamente aus. Sie übernehmen mich als Betrunkenen, und innerhalb einiger Tage muss ich wieder nüchtern werden, in den Wachzustand zurückkehren, aber schrittweise, nach und nach, und so lebe ich in ständiger Panik vor dem, was ich in Erinnerung habe: War es oder war es nicht? Und ich lebe in einer schwarz-weißen Welt. Der Blutdruckmesser speist immer noch den Monitor, meine Lieben befinden sich am Ende des Nichts, und ich höre Stimmen, die klingen, als wollten sie tatsächlich, dass ich zurückkehre. Meine Tochter Naomi blickt mich an. Ich möchte sie küssen, weil sie mir Liebe entgegenbringt, aber ich habe keine echten und realen Lippen, um ihr einen Kuss zu geben.

Vier Monate später, Ende August, lag ich schon in unserer Wohnung in der Bilu-Straße im Bett und war frei von Phantasien, befreit vom Krankenhaus und von der Krankheit, regte mich ein bisschen und war alt und hässlich. Ich hatte nicht den Mut, aus dem Fenster zu springen, auch weil die Wohnung im Erdgeschoss liegt und dazu noch Fenstergitter hat, und Miranda, mein Augapfel, mein Darling, ist neben mir auf dem Bett, legt mir eine Windel an. Ich merke, dass etwas fehlt, mustere erschrocken meinen Bauch und kann den Nabel nicht finden, der fünfundsiebzig Jahre dort gewesen ist. »Was ist mit dem Nabel passiert?«, frage ich, und Miranda sieht lächelnd hin und findet ihn auch nicht. Ich rufe Jay auf dem Handy an und erzähle ihm, dass ich meinen Nabel verloren habe, und er sagt: »Schau seitlich am Bauch«, und Miranda und ich gucken seitlich am Bauch, und er sagt: »Sieh, da ist eine kleine Falte«, und ich schaue hin und entdecke dort tatsächlich ein armseliges Fältchen, und Jay erklärt mir: »Pass auf, in der Falte ist eine Spalte«, und ich sehe und gestehe und lasse getröstet ab, ich sehe eine kleine Spalte, die mal mein hübscher Nabel war, und er fragt: »Hast du ihn gefunden?«, und ich erwidere: »Was hatten diese Chirurgen denn gegen meinen Nabel? Warum haben die Mistkerle ihn versetzt?«

Alles erscheint mir wie ein kosmischer Streich gegen mich, denn ich liege hier lebendig und habe es nicht geschafft zu sterben. Da seht mich in meiner Schmach, Töchter Jerusalems. Ich bin ein lebender Gefallener und ein Hohlraum, was im Hebräischen ein und dasselbe Wort ist, wie die Hohlräume, die man in Pompeji fand und mit Gips ausgoss, sodass sie aussehen wie die Menschen, die sie mal waren, ehe sie verzehrt wurden, und ich betrachte sie und denke mir, dass Lazarus, mit dem man mich schon verkuppelt hat, gesagt hätte, man habe ihn missverstanden. Er habe nicht wirklich gewollt, dass die Martha von

Johannes dem Täufer, Marias Schwester, und Maria, die Schwester von Jesus, mit ansehen sollten, dass er auf den Tod verzichtete und dem Grab entstieg. Darauf hätte ich ihm entgegnet, das wisse er nicht, aber er lebe in einer Welt, die es nicht mehr gebe. Und ich würde ihn gern nach der Bedeutung des Verses fragen: »Aus Staub kamst du und zum Staub kehrst du zurück.« Ich bin nicht aus Staub geboren, sondern entstamme Millionen Jahren vormenschlicher und dann menschlicher Evolution, ich bin das Endergebnis mehrerer hundert Millionen Jahre Dasein und der Endpunkt der Linie meiner Eltern und Vorfahren. Ich stamme von fernen Großeltern ab, stamme aus alten Generationen, von Anhängern Sabbatai Zwis in der Ukraine und von Frankisten in Tarnopol, von Rabbi Akiba und Rabbi Schimon Bar Jochai, und wie wir alle bin ich der Zögerlichkeit historischer Langlebigkeit entsprungen, denn beim Sterben schließen wir den Kreis, den wir beenden sollen, wir sind nicht dazu bestimmt, geboren zu werden, sondern zu sterben, sind alle nichts als endliche Menschen. Wir sind alle der Saisonschluss des Lebens. In meinem Leben habe ich meinen Töchtern Leben gegeben, damit sie sterben, ohne an die Sünden ihres Vaters gebunden zu sein. Gott sagt ja zu Kain: »Vor der Tür lagert die Sünde, und nach dir ist ihr Verlangen, doch du kannst ihrer Herr werden.« Und ich dachte, das Verlangen nach der Sünde ist ein Lebenselixier. Die Sünde ist uns ein Licht. Vor unserer Tür lagert sie. Wir verlangen nach ihr. Aber muss man ihrer wirklich Herr werden?

Ich spreche mit meiner Mutter Sarah. Miranda sagt, ich hätte Sarah zu ihren Lebzeiten vernachlässigt, hätte sie schlecht behandelt. Hätte sie in Verlegenheit gebracht. Ich konnte sie einfach nicht lieben, und dann wurde sie alt, und ich war schlecht zu ihr, und sie ist gut zu mir. Ich liege jetzt da und versuche, mir meine Mutter Sarah zu vergegenwärtigen. Auf einmal sehne ich mich nach ihr. Ich habe sie ausgenutzt und ihren guten Ruf beschädigt. Ich hatte kein Mitleid mit ihr. Ich konnte sie nicht lieben. Jeden Morgen ordnete meine Mutter Sarah ihre Frisur und ging zur Poliklinik im alten Ramat Aviv, saß dort und wartete lange, ohne sich zu beklagen oder vorzudrängen, und wurde untersucht. Und so brachte sie Krebse um die Ecke, solange sie noch klein waren. Die Ärzte starben ihr weg, an Altersschwäche oder Krankheiten, aber es kamen andere, und auch die Bürokräfte wechselten, nur sie saß Tag für Tag, außer Schabbat, da und wartete auf die Untersuchungen. Sie besiegte alle Krebse, blieb so aber einsam übrig, weil mein Vater Mosche ihr wegstarb, denn in meiner Familie stirbt man nicht einfach so, sondern man stirbt anderen weg, eine Art Racheakt. »Wenn du ertrinkst, bring ich dich um«, schrie meine Mutter mich am Strand an. Und mein Vater Mosche verließ sie bei seinem Tod, womit er ihr untreu wurde, gewissermaßen Verrat an ihr übte, und auch ich ging weg, und meine Schwester Mira ging, um ihr eigenes Leben zu leben.

Vor allem empfiehlt es sich zu sterben, um Selbstmord zu vermeiden.

Ich mag keine Deformationen. Mag mich jetzt kaum anschauen. Mein ganzes Leben lang huldige ich der Schönheit. Liebe schöne Menschen. Tue mich schwer mit Buckligen, mit hässlichen Frauen, und wie unser biblischer Moses mag ich nicht, was zu hässlich aussieht, um des Tempeldienstes würdig zu sein. Deshalb hieß es: Keine

Lahmen, keine mit Krätze, Aussatz oder Blindheit Behafteten, diese Bedauernswerten dürfen Gott nicht schauen. Bloß wenn der Körper etwas hat, das nicht ins Auge fällt, Krebs zum Beispiel, oh, dann ist es in Ordnung. Aber seltsam: Warum sollte etwas, das hässlich und entstellt aussieht wie bei Krätze, den Hebräern missfallen, die doch lehrten, wenn auch nicht wirklich befolgten: »Trug ist die Anmut und eitel die Schönheit«, und: »Betrachte nicht den Krug, sondern dessen Inhalt«? Wir haben hier keine schönen Krüge gemacht. Wenn der Tempel wirklich so ausgesehen hat, wie es die Forschungen und die darauf fußenden Rekonstruktionen ergeben, dann war das Äußere, »der Krug«, tatsächlich nichts Besonderes, nichts, das es sich zu besichtigen lohnte.

Wenn du krank bist, nehmen alle Reißaus vor dir, wir haben nichts Großes, nichts Ästhetisches an uns, wir sind Greise, nehmen Platz weg, leeren die Staatskasse mit unseren Krankheiten, und wir haben keinen Grund zu leben, wir sind verschrumpelte Feigen, die am Leben kleben, und wir empfinden keinen Kummer über uns außer Selbstmitleid. Selbstmitleid ist schlecht für die Seele. Und das Geheimnis der Ästhetik besteht darin, dass sie keinen Gott hat.

Zum Schluss bin ich ins Leben zurückgekehrt. Eines Tages kam die Kolonne der Ärzte. Sie untersuchten mich. Blickten mich nicht an. Lasen die Notizen, die die Pfleger und Schwestern der Nachtwache auf das Blatt geschrieben hatten, das wie gewöhnlich am Bett hing. Plötzlich sagte einer von ihnen: »Es ist so weit, wir müssen vorankommen. Wir werden Ihnen den Katheter und die Sonde entfernen, aber

Sie müssen dann auf einem Sessel sitzen, den man Ihnen herbringen wird, und wir werden weitersehen.« Alles ging schnell. Die Entfernung der Sonde war mit Schmerzen verbunden, aber es war wunderbar, nach zwei Monaten davon befreit zu sein. Ich fand die Stimme wieder, die mich im Stich gelassen hatte, und begann ein paar Worte zu sagen. Miranda kam, um meine Stimme zu studieren, und schien verwundert zu sein, als hätte sie ihren Klang vergessen, und Naomi kam, und Pfleger und Schwestern kamen, um mich zu beglückwünschen, und dann wies man mich an, nichts zu trinken, bis die Wunden verheilt waren. Man ließ mich an wassergetränkter Watte lecken, aber trinken durfte ich nicht, und weil mir keine Sonde mehr Flüssigkeit zuführte, trocknete ich aus. Es war ein Leidensweg. Ich bat inständig, mir was zu trinken zu geben. Noch nicht, hieß es. Ich war bereit, mein Herz der Transplantationsstation von Jay Lavi im Tel Haschomer Krankenhaus zu spenden, wenn man mich dafür auch nur ein einziges Glas Wasser trinken ließe. Ein ganzes Herz für ein Glas Wasser!

Das Lecken am wassergetränkten Wattebausch half nicht, und ich phantasierte, dass ich in einem Karren voll mit verschlossenen Wasserflaschen sitze und versuche, sie mit den Zähnen aufzukriegen, und unterdessen kamen Sanitäter und legten mich auf eine Wolldecke. Ich wog nur noch so viel wie ein kleines Kind. Mein Körper, der monatelang so hässlich aufgedunsen gewesen war, schwoll jetzt ab, und ich hatte vielleicht zwanzig Kilo abgenommen. Sie hievten mich auf den Sessel, auf dem ich eine ganze Stunde sitzen bleiben sollte. Es war kein Vergnügen. Es hieß, mein Körper solle etwas rundlicher werden, meine Muskulatur wieder zu arbeiten anfangen. Nach drei Monaten Bettlägerigkeit fiel mir das Sitzen schwer. Eine dynamische junge Schwarzhaarige kam, um mit mir zu arbeiten, und nötigte mich, die Finger etwas anzuheben. Sie bat mich, mehr Willenskraft aufzubringen und mich etwas einsatzfreudiger und ehrgeiziger zu zeigen, und ich versuchte es, das Wort »ehrgeizig« hatte es mir angetan, und nach ein paar Tagen gelang es mir, einen Moment den Finger zu heben und ein paar andere Bewegungen auszuführen, an die ich mich heute nicht mehr erinnern kann, und dann beschloss man, mir zu trinken zu geben. Ich wollte möglichst viel trinken, konnte aber nicht schlucken und wäre fast erstickt.

Man sagte mir, dass man mich vom Beatmungsgerät abnehmen wolle. Sie untersuchten alles Nötige und warnten mich, dass es schwer werden würde, dass manche Patienten viel Zeit bräuchten, um sich vom Beatmungsgerät zu lösen, und dass es im Tel Haschomer Krankenhaus sogar einen Kurs zur Entwöhnung vom Beatmungsgerät gebe, denn das Vertrauen auf die Beatmung sei absolut. Aber ich solle nicht verzweifeln. Es war ein Moment vager Angst, und plötzlich fühlte ich mich ganz allein auf der Welt ohne das Beatmungsgerät, das mir wie eine Mutter gewesen war. Ich war ein Säugling von drei Monaten, und man hatte mich von der Brust meiner Mutter weggerissen. Ich saß im Bett, an die Kissen gelehnt, und zum ersten Mal seit Monaten atmete ich richtige Luft. Das Fenster neben mir war offen. Draußen glühte die Sommerhitze. Ein leichter Luftzug wehte herein, und ich atmete die Luft mit vollen Lungen ein, mir war etwas schwindlig, aber meine Augen lachten, und ich spürte es bis in die Haarwurzeln, war wie trunken und lächelte. Sie standen vor mir und sagten, sie hätten noch nie ein echtes Lächeln auf meinem Gesicht gesehen, das Lächeln von einem, der den Mist überstanden hat, und jetzt sähen sie es und dankten mir dafür, denn das sei das Schönste, was passieren konnte, das sei ein Geschenk, und eine Schwester sagte: »Sieh mal einer an, zum Schluss haben wir hier gute Arbeit geleistet!« Das Atmen tat mir gut. Die Lungen füllten sich mit Luft und nicht mehr mit dem nebulösen Gemisch aus dem Beatmungsgerät, das mir monatelang in den Ohren gesummt hatte. Heute kann ich mich kaum noch näher an das Gefühl erinnern. Ich schämte mich nun wohl über mich selbst. Über den Lahmarsch, der ich gewesen war. Ich mag keinen Wein, und als ich ein Trinker war, trank ich Whisky, Brandy oder Wodka oder Bier, keinen Wein, aber es war so ein Gefühl, wie viele es mit Wein verbinden. Nach einer halben Stunde war ich beinahe erstickt und wurde wieder an das Gerät angeschlossen. Erst legte man mir eine Sauerstoffmaske aufs Gesicht. Bei mir dauerte es nicht wochenlang, schon drei Tage später atmete ich selbständig.

Ich durchlief eine weitere Reihe von Untersuchungen, und nun war ich das Krankenhaus redlich leid. Alles widerte mich an. Ich atme, also holt mich hier weg. Ich lebe. Man fand für mich einen Platz in den Maccabi-Häusern, der Rehabilitationsabteilung am Tel Haschomer Krankenhaus, und ich war schon ungeduldig und überdrüssig und wollte so schnell wie möglich verlegt werden. Ein Arzt sagte, ich müsste anfangen, richtige Nahrung zu mir zu nehmen, und sollte mit etwas leicht Verdaulichem beginnen, zum Beispiel mit Brei. Ich sagte: »Bloß keinen Brei.« Ich hatte die Breis im Krankenhaus zu Gesicht bekommen. Sie sehen aus wie etwas, das es gar nicht gibt, wie der Bauer sagte, als man ihn in den Zoo führte und ihm eine Giraffe zeigte, und er erklärte: »So was gibt's gar nicht!« Und ich fragte, ob Püree ginge. Ja, sagte der Arzt, das ginge durchaus. Ich hatte Appetit auf Püree mit Spiegelei, aber in den Krankenhäusern geben sie einem keine Spiegel- oder weichen Eier, sondern nur gut durchgegarte. Und dann brachten sie mir Püree aus der Küche. Als ich den ersten Löffelvoll probierte, hatte ich das Gefühl, man hätte mir einen neuen Schlauch eingeführt, und wollte erbrechen. Der Geschmack war widerlich, zum einen, weil ich so lange nichts gegessen hatte, zum andern aber auch, weil das Püree in Krankenhäusern ein Paradebeispiel dafür ist, wie man es nicht kochen darf, was man an allen Universitäten lehren sollte. Ich saß vor der Krankenschwester, die mich fütterte, und wollte so gern was anderes als Püree essen. Ein oder zwei Tage später sagte mir der diensthabende Arzt, wenn ich nichts äße, müssten sie mir wieder die verfluchte Sonde einführen, und das war mir ein unerträglicher Gedanke. Miranda meinte, vielleicht würde ich Eis mögen. Sie hastete hinunter, kaufte Eis, kam damit zurück und fütterte mich mit einem großen Löffel, und auf einmal konnte ich essen. Ich merkte nichts vom Geschmack des Eises, aber es fühlte sich angenehm an in der Kehle.

Ein paar Tage lang lebte ich fast nur von Eis und von Sauermilch, in die Eiweißpulver, Minerale und Vitamine eingerührt wurden, und dann hieß es: Yoram, in ein paar Tagen kommen Sie raus. Und zum ersten Mal seit meiner Einlieferung rebellierte ich im Krankenhaus. Plötzlich hasste ich es. Es war schon klar, dass ich genesen würde. Ich hasste die Ärzte, die Schwestern. Ich bebte und schimpfte und schrie. Ich sagte lauthals, ich hätte genug von ihnen. Ich wolle raus und könne es hier nicht länger aushalten. Ich sei bereit, ein Risiko einzugehen. Darauf stattete mir der Professor persönlich eine Visite ab. Sagte, die Sache werde geregelt. Erzählte mir, wie ich dem Tod nah gewesen sei und all das. Ich wartete, war nervös. Es fiel mir schwer, mit den Pflegern, Schwestern und Ärzten zu reden. Ein paar Öffnungen an Brust und Hals, die noch nicht verwachsen waren, mussten genäht werden. Ich aß Sauermilch und Eis, und die Schnitte verheilten, und eines Morgens kamen lächelnde Ärzte und wünschten mir alles Gute. Dann kamen Pfleger und Schwestern und Miranda und Naomi und Mira und Jay. Sanitäter legten mich auf eine Bahre, und die Familie nahm meine Gummimatratze und meine übrigen Habseligkeiten, und wir fuhren nach unten. Ein Krankenwagen wartete, ich wurde hineingelegt, die Tür ging zu, Miranda saß bei mir, der Fahrer sagte etwas, das ich nicht verstand, und ich sah einen Pfleger am Krankenhaustor weinen, und das ging mir zu Herzen. Auf einmal lebendig zu sein, zu spüren, wie die Erde sich unter mir bewegt. Durch die Wagenfenster zu blicken und Tel Aviv nicht durch wirklichkeitsverzerrende Jalousien zu sehen, alles zu sehen, von oben bis unten. Ich sah leuchtend rot blühende Bäume und begriff nicht, wo genau ich war.

Nach einiger Zeit erreichten wir das Tel Haschomer Krankenhaus. Wir fuhren durch das weitläufige Krankenhausgelände, und aus meiner Rückenlage sah ich ein Hotel und ein Einkaufszentrum, und wir kamen zum Reha-Zentrum am Zaun zum Wehrersatzamt. Jetzt fuhren wir durch alte israelische Landschaft, wie es sie kaum noch gibt, zwischen dichten Zypressen, Eukalyptusbäumen, mächtigen

Wipfeln, jahrhundertealten Stämmen, Kaktushecken, blaublühenden Kletterpflanzen und mächtigen Bougainvilleen in Lila und Feuerrot, zwischen Weinranken und Feldblumen entlang, und ich hätte einen Baum umarmen, wildwachsende Zweige küssen mögen, und dann gelangten wir zu den Maccabi-Häusern, einem hübschen Ort, der aussieht wie ein kleiner Kibbuz. Man holte die Bahre heraus, fuhr mich in die klimatisierte Eingangshalle, und da lag ich. Der Fahrer verabschiedete sich von uns und sagte, er habe einen »Exitus« zur Beerdigungsgesellschaft abzuholen, und ich sagte: »Was, man kommt und geht?«, worauf er mich schelmisch anblickte und sagte: »Es hätte auch umgekehrt sein können.«

Ich dachte mir, vor achtundfünfzig Jahren kehrte ich mit Gipsbein aus dem Krieg zurück und ging in die Jehoasch-Straße, wo neben dem Haus von Lehrer Vitkin und Frau Leipzig auch die Eltern meines Freundes Menachem wohnten, der neben mir gefallen war. Sein Vater grub gerade eine Bewässerungsmulde um einen alten Johannisbrotbaum. Sommerdürre ringsum, und Hitze. Das Meer war eine riesige und stille und schöne und glänzende Fläche neben uns. Der verrückte Max kam an, um mich willkommen zu heißen, und ich näherte mich dem Haus. Menachems Mutter kam heraus, sein Vater trug denselben alten Hut, den ich schon Jahre als Hut der Lehrer dort in Erinnerung hatte. Er kniff wegen der Sonne die Augen zu und sagte: »Ah, Yorám«, mit Betonung auf der zweiten Silbe, wie meine Mutter Sarah, und ich erwiderte: »*Ahalan*, Jehosef«, und zu Menachems Mutter, die ich wissen lassen wollte, wie lieb mir Menachem gewesen war, sagte ich, wir hätten zusammen gekämpft und seien beschossen worden, und dort seien Geier und Krähen gewesen, und wir hätten uns tot gestellt, und die Schützen hätten uns auch für tot gehalten, aber aus Langeweile weiter auf uns geschossen, und Menachem sei neben mir durch eine Kugel getötet worden, die wohl mir gegolten hatte, und ich hätte gespürt, dass sein Blut auf mich rann. Menachems Mutter warf mir einen langen, hasserfüllten Blick zu und sagte zu ihrem Mann – sie sprach mich nicht direkt an, trotz der jahrelangen guten Bekanntschaft und der vertraulichen Gespräche, wie man Menachem helfen könnte und wie man Badesachen anziehen müsste, denn ich kannte ihn ja vom achten Lebensjahr an –, »Das ist Yoram, Yorammm«, sprudelte sie mit bitterer Verachtung, »der süße Sohn der Lehrerin Sarah, sag mir Jehosef«, ihre Stimme füllte sich mit einem selbstgerechten, sengenden Urzorn, und sie blickte erneut mich an, sprach aber zu ihrem Ehemann und sagte: »Schade, dass Menachem jetzt nicht zu Yorams Mutter kommt, zu der diplomierten Lehrerin Sarah, und seinem lächerlichen Vater vom Museum mit seiner Musik, statt dass er hierherkommt. Warum ist es so geschehen, warum nicht umgekehrt.«

Der Fahrer fuhr weg. Aus einem Zimmer drang Musik. Wir warteten auf die Oberschwester. Ich dachte, hier ist die letzte Station, ich will die Zukunft nicht, und ich bin doch liebesblind, ich glaube, dass es nichts gibt, woran man glauben könnte. Die Menschen haben nichts Edles an sich. Ein Fisch verschlingt den anderen. Ich bin weder Pessimist noch Optimist. Ich muss genesen, und das ängstigt mich. Krankheit ist eine bestimmte Sorte von Flucht und Ruhe. Du bist eine Fliese. Du bist ein Stein, mit dem man tut, was man will. Du hast keinen eigenen Willen. Du entscheidest nichts. Du bist im Paradies. Es gibt einen Gott, der für dich entscheidet. Du bist ausgelöscht. Du bist deines Menschenantlitzes beraubt. Körperöffnungen und Körperhöhlen und ein entstellter Körper, der nicht als solcher funktioniert. Du brauchst nichts zu planen. Morgen wird wie gestern sein. Alles ist organisiert.

Auch in der Rehabilitation hat man nichts zu wählen. Alles läuft nach Schema. Die Planung liegt nicht in deiner Hand, und die Gegenwart ist öde, gammlig und zäh, sauber und ordentlich, und Galina, die bildhübsche Oberschwester, erklärt mir: »Hier ist es nicht wie im Krankenhaus. Hier bekommen Sie die Voraussetzungen zur Genesung. So Sie wollen. Aber wenn Sie nicht wollen, wird Ihnen nichts helfen, dann bleiben Sie hier, bis Sie sich für die Genesung entscheiden. Der Erfolg hängt von Ihnen ab, denn Sie sind nicht in kritischem Zustand hergekommen, sondern nachdem Sie einen solchen Zustand überwunden haben. Ich bitte Sie, kämpfen Sie!« Sie geht, und ich sehe zum Fenster und auf ein Gebäude an der Ecke, das, wie ich später erfahre, das Hospiz für Sterbenskranke beherbergt. Vielleicht sollte ich dort sein, sollte am schönsten und bestausgestatteten Ort auf dem Krankenhausgelände enden. Und ich habe ein Fenster. Ich blicke darauf. Meine Füße sind kalt, möchten diesem Ort entfliehen. Haben aber auch Angst vor der Flucht. Es gibt hier einen Oberarzt und vier Ärztinnen, dazu Pfleger und Schwestern und Therapeutinnen, und wenn ich Herzklopfen habe, notiert das sofort jemand. In der Rehabilitation begreife ich auf einmal, was mir zugestoßen ist. Wie krank ich war. Ich verstehe, dass ich apathisch war. Dass man mich die meiste Zeit mit Medikamenten vollpumpte und dass meine meisten Erinnerungen daher Phantasien sind, aber das Phantasieren hatte mich anscheinend gerettet.

Die Oberschwester kam wieder, um mir sehr charmant die Hausregeln beizubringen, und schenkte mir ein süßes Lächeln. So begannen meine übrigen Lebenstage. Nach langen Wochen immer neuer ermüdender Anstrengungen fing ich an, mit einem Gehgestell zu gehen, und lernte, fast selbständig zu essen. Und schließlich nahm ich Abschied von den Ärztinnen und Pflegern und Schwestern und Therapeutinnen, und man brachte mich nach Hause. Ich versuche mich jetzt an die Monate des Todes und der Krankheit und der Rehabilitation zu erinnern, habe aber nur noch Fragmente im Gedächtnis. Ich weiß nicht, wo genau ich war, als all das geschah, aber es ist geschehen, und im Alter von fünfundsiebzig Jahren bin ich gestorben und habe wieder zu leben begonnen.

Schimon

Schimon wurde mir von der Sozialversicherung geschickt. »Ein untadeliger und gerechter Mann unter seinen Zeitgenossen« wie weiland Noah, treu, breit, nicht dick, ein Meter neunzig hoch, was nicht nur für einen Juden groß ist. Er wirkt viel größer, als er in Wirklichkeit ist. Er sieht auch unter allen Angehörigen des jüdischen Volkes seit eh und je Gary Cooper am ähnlichsten. Das gleiche schüchterne und süße Lächeln über dem Körper eines pensionierten Ringers. Er kommt immer pünktlich. Trägt schwarze Schuhe Größe 47. Sein Hosensaum reicht nie bis zu den Schuhen. Der Abstand zwischen Hosensaum und Schuhen bleibt konstant bei sieben bis acht Zentimetern, aber ich glaube kaum, dass er ihn wirklich nachmisst. Im Sommer klingelt er um sieben Uhr siebenundzwanzig an der Tür und im Winter um zwei Minuten vor acht. Wenn ich die Tür aufmache, steht er in einigem Abstand vom Eingang, als weiche er aus Ehrerbietung zurück, und stets wirkt er schüchtern und sagt, die Worte verschluckend: »Wie laufn d'Sachn.« Ich habe ihn mal gefragt: »Welche Sachen?« Er wusste nicht, welche Sachen, stand angespannt leicht zurückgelehnt und fragte »was?«. »Die Sachen«, wiederholte ich, und er sagte: »Ja, die Sachen.«

Miranda bringt ihm schnell ein Glas Orangensaft und ein Stückchen Schokolade, und ich gebe ihm den Sportteil der »Yedioth Ahronoth«, und den liest er dann über den Tag. Hält er mich für abmarschbereit, weist er das angebotene Getränk zurück, aber ein paarmal ist es Miranda gelungen, ihn zum Trinken zu bewegen. Auf den vier Eingangsstufen hinunter fasse ich ihn an, aber auf dem Gehsteig wirken wir beide lockerer. Ich frage, was gestern war, und er erzählt mir, mit leichten Abwandlungen, von dem Herzinfarkt, den er gehabt zu haben meint, und fasst sich an die rechte Brustseite. Ich erkläre ihm, dass die meisten Herzanfälle auf der linken Seite anfangen, und er fragt, was passiert, wenn der Schmerz auf der rechten Seite losgeht, denn ich hatte ja »die meisten« gesagt. Einmal gestand ich ihm, dass ich einen Mann gekannt hatte, dem das Herz auf der rechten Seite saß, und da sagte Schimon, vielleicht säße auch bei ihm das Herz rechts, und ich erwiderte, dass das nur selten vorkäme und wenn es bei ihm der Fall wäre, hätte man ihm das längst mitgeteilt.

Schimon hatte als Lastträger gearbeitet, war Mechanikergehilfe gewesen, hatte Fabrikarbeit geleistet, für die landwirtschaftliche Absatzgenossenschaft Tnuva Ladenpräsentationen gestaltet, verschiedene Tätigkeiten übernommen, die ihn langweilten, hatte in Werkstätten Roboterarbeit verrichtet, wie er es nannte. Deshalb war er in die Behindertenpflege übergewechselt, das sei bequemer, freier, und nun geht er schon rund zehn Jahre mit alten Menschen spazieren. Schimon lebt von viertausend Schekel im Monat und sagt, das reiche ihm, aber was ihn wirklich aufrechterhält, ist der Glaube, dass er eines Tages im Toto gewinnt, dessen Scheine er jede Woche ausfüllt. Hat er nicht gewonnen, sagt er: »Ich hab wieder verloren.« Auf die Frage, was er machen würde, wenn er eine Million bekäme, weiß er keine Antwort. Jede Woche denkt er an den Toto als eine Art Gottesgabe, aber nicht an den Gewinn, den er bekäme, wenn er richtig gewettet hätte.

Sobald wir auf die Straße treten, nimmt Schimon sich zusammen, vergisst seine Gebrechen und passt auf mich auf, wird viel selbstsicherer. Er verhält sich, als sei er zum Führen geboren, und macht die größten und festesten Schritte, die ich je gesehen habe. Er schlägt das Tempo ein, das er mich am Morgen von zu Hause mitbringen sieht, und obwohl ich jeden Tag ein anderes Tempo mitbringe, erkennt er es mit der Weisheit der Führungspersönlichkeiten, wie Hundeführer, versteht es, auf meine Körpersprache zu achten und dabei sowohl unsichtbar zu schweben, als auch stark und selbstsicher zu wachen.

Schimon ist kein großer Leser. Auf seine wiederholten Bitten schenkte ich ihm eines meiner Bücher. Nach Ablauf von rund neun Monaten sagte er, das Buch sei interessant und er sei schon auf Seite elf angelangt, aber Menschen liest er mit der Vernunft eines Mannes, der nie das Bedürfnis verspürt hat, Bücher zu lesen. Bei unserem ersten Gespräch, als er das erste Mal zu mir kam, hat er mich, glaube ich, gefragt, was ein Schriftsteller macht. Er ist kein Dummkopf, der Schimon. Er mag nicht viel gelesen haben, aber dumm ist er nicht. Und wenn er denn gefragt hat, wollte er vielleicht weniger begreifen, was ein Schriftsteller macht, als wie er es macht, denn er fragte einmal, wie ich wüsste, was und wann ich schreiben solle und ob ich Dinge im Voraus verstände, und ich gestehe, dass ich um eine Antwort verlegen war und schwieg. Das Schöne und Typische an Schimon ist der Umstand, dass er das respektierte.

Schimon ist ein großer Mann, siebenundvierzig Jahre alt, in Ramat Gan geboren. Er hat ein paar Grundschulklassen absolviert und war danach erst auf einem regulären, dann auf einem religiösen Internat in Pardes Chana. Als ich ihn fragte, ob er im Meer baden gehe, sagte er, jetzt nicht mehr. Als Kind sei er schwimmen gegangen, erklärte er, mit seinem Vater, aber das sei über dreißig Jahre her, und nun sei er allein. Er geht nur abends gern am Strand spazieren, um besser einschlafen zu können.

Schimon war nie im Ausland, hatte allerdings einmal erwogen, nach New York zu reisen, weil er gehört hatte, dass er dort einen Verwandten hätte. Er hatte sich erkundigt und erfahren, dass er einen Fragebogen auf Englisch ausfüllen müsste, und war nicht gefahren. Er besitzt keinen Führerschein, weil er nie am Steuer gesessen hat. Auf meine Frage, ob er gern fahren würde, antwortete er, er hätte kein Auto. Er ist wenig im Land herumgekommen, war kaum mal in Galiläa oder im Negev, abgesehen von Schulausflügen in der Grundschule oder im Wehrdienst als Handlanger bei den Flugzeugmechanikern. Beim Militär habe man ihn, wie man sage, schikaniert, und nach langen Nachforschungen meinerseits kam heraus, dass er auch an den religiösen Schulen keinen leichten Stand gehabt hat, aber er sagt, er habe nicht wirklich gelitten, weil er sich solche Dinge nicht zu Herzen nehme. Schimon äußert keine Meinung über seine Mitmenschen und respektiert das Recht eines jeden, ihm böse zu sein, wenn der das gern wolle. Er marschiert mit seinen Riesenschritten wie ein schweres, aber schwebendes Tier, denn er besitzt tatsächlich eine wehmütige Schwere, und die steckt voll angenehmer Leichtigkeit, die mein Herz erobert.

Am Anfang unseres gemeinsamen Weges stolperte ich oft und musste mich immer wieder ausruhen, aber nach etwa einem Monat begann ich ins Leben zu strömen, und Schimon war geduldig und beharrlich. Schimon ist der schweigsamste Mensch, den ich je gekannt habe. Seine Stille ist nicht das Gegenteil von Lärm. Er ist die Stille selbst. Er bringt die Stille zum Klingen. Er ist still, als wäre die Stille etwas Greifbares. Seine Scheu ist so schön und seine lange Stille so edel, dass sie nie belasten. Schimon ist sozusagen eine richtige, friedvolle Stille eigen. Er ist nie rastlos. Kommt nie aus der Ruhe. Er ist nicht traurig. Er ist nicht depressiv. Selbst wenn er seine zahlreichen Krankheiten zu verstehen versucht, erzählt er, als sei von jemand anderem die Rede. Schimon ist im höchsten Grade alleinstehend, mehr als jeder, der mir je begegnet ist. Er war mal verheiratet, aber nur kurze Zeit, er kennt kaum Leute, und er hat eine sture, elementare Einsamkeit an sich. Zwischen uns herrscht ein grundlegendes Unverständnis, aber es gibt keinen, mit dem ich besser sprechen könnte als mit

Schimon, und auch er sagt, ich könnte am besten mit ihm reden.

Nach unzähligen Fragen verstehe ich, dass er in der Nähe des alten Busbahnhofs wohnt, in einem Bezirk, der mir wie eine Tel Aviver Hölle vorkommt, und er brummelt: »In Ordnung, wie man so sagt, alles billig.« Und was ist mit den Massagesalons und den Freudenhäusern, bohre ich nach, und er brummelt: »Ja, es gibt leichte Mädchen, ja.« Er würde niemals »Nutten« sagen. Er schildert, dass es dort Straßenhändler in Fülle gibt, und Läden mit Hehlerware und Sexclubs, aber die übersieht er. Er hat eine kleine Wohnung von einem Verwandten bekommen, der ihn gern hatte und, wie man so sage, ein guter Mensch gewesen sei. Der Mann hatte Schimon als Kind geholfen und ihn bei sich aufgenommen und ihm später seine Eigentumswohnung vererbt.

Schimon geht in den frühen Abendstunden nach Hause, kauft unterwegs was in einem Take-away in der Keren-Hajessod-Straße. Er duscht, stellt das gekaufte Essen in die Mikrowelle und isst zu Abend. Im Grunde ist das seine einzige richtige Mahlzeit am Tag. Danach wäscht er den Teller ab, oder spült, wie man sage, das Geschirr, und im Pay-TV gibt es Filme, und er wählt einen aus. Das kostet ihn elf Schekel pro Film, und er sieht ihn sich an und erklärt: »Wie man sagt, guck ich mir nur Filme an, die ich schon gesehen hab, dann brauch ich nicht nochmal anzufangen, die Untertitel zu lesen.« Später oder am Ende des Films oder kurz bevor er zu Ende ist, pennt er ein, wie man sage, und dann sinkt er ins Bett.

Eines Tages, nach fünf Monaten, sagte mir Schimon, sein Vater habe ein Buch geschrieben. Ich staunte und fragte ihn, ob er es gelesen habe, und er antwortete, vielleicht, vielleicht ja, aber das sei lange her. Ein Stück weiter stolperte ich, und obwohl er so geht, als sähe er dabei gar nichts, packte seine Hand mich fest und präzise, und er lächelte. Er ermahnt mich immer, die ganze Zeit runterzuschauen. Nach ein paar Fragen, an diesem und den folgenden Tagen, erzählte er von sich. Seine Mutter ist Irakerin und sein Vater war ein Pole, der von den Deutschen festgenommen wurde, gelitten hatte, aus einem Konzentrationslager geflohen und nach Russland gelangt war, wo er Partisanen fand, die ihn in den Kampf schickten. Er trat in die Rote Armee ein, nahm an schweren Gefechten um Stalingrad teil, und danach verprügelten sie ihn, weil sie entdeckt hatten, dass er Jude war. Danach fuhr er auf einem illegalen Einwandererschiff nach Palästina, Schimon weiß nicht auf welchem, saß erst in einem britischen Internierungslager auf Zypern und dann in dem in Atlit bei Haifa. Er suchte seine Familie, fand heraus, dass seine Geschwister und seine Eltern ermordet worden waren, und hatte das Gefühl, ihnen untreu gewesen zu sein, wie man sage. Er eröffnete eine kleine Werkstatt für Handtaschen und Geldbeutel, die er per Hand anfertigte. Sie waren gefragt. Er schrieb ein Buch über das, was während der Schoa passiert war, und das Buch erschien im Verlag von Yad Vashem. Seine Frau lernte er in Ramat Gan kennen. Sie war viele Jahre jünger als er. Wie man sage, war er alt und sie ein Kind. Er hatte Alpträume über alles, was er durchgemacht hatte, und es tat ihm leid um seine Familie, aber seine Frau war unzugänglich für sein Leiden, war von ihrer Mutter mit ihm verheiratet worden, und er schrie im Schlaf.

Seine Schwiegermutter hatte ihre Tochter mit ihm verkuppelt, weil er Aschkenase war und mit seiner Taschenherstellung genug verdiente, aber sie wusste nichts mit ihm anzufangen und konnte nicht mal ein Omelett braten. Jammern konnte sie dafür umso besser, wie man sage, und sie bekamen zwei Kinder, Schimon und seinen Bruder. Eines Tages kam Schimons Vater nach Hause und hörte drinnen röchelnde Laute. Er stürmte hinein und sah seine Frau in der Küche sitzen und Radio hören, rannte weiter zu den Schreien, die sie gar nicht wahrnahm, und fand Schimon halb tot unter dem heißen Wasser in der Badewanne. Sie stritten sich. Vater hat mich geliebt, sagt Schimon, aber er blieb im Geiste in Stalingrad oder bei den Deutschen oder bei der Verwandtensuche. Daher kam Schimon auf ein Internat außerhalb der Stadt. Sein Vater wollte einen religiösen Sohn, denn vielleicht würde Gott ihm helfen, doch Schimon, der damals schon groß war, mochte den Talmud nicht und kam heim, aber sein Vater war beschäftigt und ging jeden Nachmittag zum Schachspielen aus dem Haus, und er spielte gut und pflegte zu sagen, Schach sei wie Krieg, aber ruhiger. Beim Schach gebe es, wie man sage, nicht Tod den ganzen Tag.

Schimon hat nichts abgeschlossen, nur ein bisschen Schlossern gelernt. Eines Tages sagte er mir, vor einigen Jahren habe er sich um einen Rabbiner gekümmert, der hier in der Nähe gewohnt habe, in der Achad-Ha'am-Straße, und der Rabbiner sei dick gewesen, und er habe ihn geschleppt. Man habe lange dasitzen und warten müssen, bis er mit Beten fertig war, und der Rabbiner sei böse auf ihn gewesen, weil er nicht mitbetete. Schimon sagte: »Es ist sicher furchtbar, krank im Krankenhaus zu liegen?«

Ich erwiderte ihm, er habe gewiss mit vielen Menschen gearbeitet, die aus Krankenhäusern entlassen worden waren, und warum er den Rabbiner nicht gefragt habe, wie es ist, wenn man stirbt. Darauf sagte Schimon: »Er ist nicht wie du, er ist nicht zurückgekehrt, nachdem er tot war, und ich hatte noch nie einen Toten gesehen, nachdem er gestorben war, bis ich dich kennenlernte.« Er fragte, wie es sei, von dort zu kommen, und ich antwortete ihm: »Von dort kommt man nicht, von dort rinnt man.«

Schimon, der sich nicht scheut, viele Dinge anzusprechen, versteht den Begriff »Täuschung« nicht. Er hat nie gelogen. Er hat keinen Menschen betrogen. Er hat keine üblen Reden geführt und über niemanden ein böses Wort verloren. Er hat etwas Hartes und Tiefes an sich, und er wirkt dumm, ist es aber nicht. Er ist auf seine Weise klug. Die Tricks der Bosheit kennt er nicht. Er sieht sich nur Filme im Fernsehen an, und als ich ihn fragte, ob er ins Kino gehe, sagte er, er würde es ja tun, aber das sei teuer.

Schimon blickt keinen der Passanten an, denen wir begegnen, und übersieht all die Schönen, die morgens auf der Allee spazieren gehen, während ich Alter sie sehr wohl wahrnehme, und wenn ich ihn frage, warum er die hübschen Frauen nicht anschaut, lächelt er errötend und sagt, sie seien ihm entgangen. Schimon hat gern alles an seinem Ort. Mag die Dinge in ihrer richtigen Form und weiß, dass diese Frauen für ihn unerreichbar sind.

Schimon fragte mich: »Sag mal, Yoram, sieht man, wenn man stirbt, den Tod?« Er zitterte ein wenig, als er mich das fragte, und ich antwortete ihm, man sähe gar nichts. Der Tod sei eine Art Etwas, das ein Nichts sei.

Schimons größter Traum war, Briefträger zu werden,

aber wie er sagte: »Ich hab kein Fahrrad und kann keine Namen in lateinischen Buchstaben lesen.« Er brachte mir das Buch seines Vaters, nachdem er einen guten Monat nach einem Exemplar gesucht hatte, und als ich erstaunt fragte, warum er das Buch nicht parat hatte und so lange gebraucht habe, um es zu finden, staunte er über mein Erstaunen.

Sein Vater hatte ihm einmal gesagt, er solle seinen Familiennamen in Selig ändern, und deshalb hatte er mir, als ich ihn nach seinem vollen Namen fragte, »Schimon Selig« geantwortet. Seine Eltern hatten sich scheiden lassen. Seine Mutter heiratete danach einen Iraker und brachte eine Tochter zur Welt, und Schimon wohnte bei seinem Vater, der krank wurde und später starb, oder »verschied«, wie man nach seiner Meinung sagte. Seine Mutter hat sich später von ihrem zweiten Mann getrennt und ist schon Jahre in der Psychiatrie. Ein- bis zweimal im Jahr geht er sie besuchen. Mit seinem Bruder steht er kaum in Kontakt, doch seine Neffen trifft er gelegentlich. Er hat zwei Freunde gehabt. Der eine ist ein Kollege, aber er hat ihn geärgert, und der Freund ist eingeschnappt, und der zweite, Herr B., ist vor ein paar Monaten mit achtzig Jahren gestorben.

Er sagte, B. sei in der Palmach und ein Frauenheld und nie verheiratet gewesen, habe aber Frauen aus Jaffa ins Haus geholt, und dauernd habe er sich mit diesen Frauen und mit der Palmach beschäftigt und mit den wichtigsten Menschen in seinem Leben: David Elasar alias Dado und Rabin und Elijahu Sela, den alle nur mit seinem Decknamen Ra'anana anredeten. Er sah sie nach 1948 nicht wieder, aber sie blieben der Grundstein seines Daseins. Er war derb, dick und kränklich, fürchtete jedoch Untersuchungen und wohnte in Schimons Nähe. Schimon kaufte Essen für ihn und wärmte es, und sie saßen gemeinsam vor dem Fernseher und sahen sich Filme an, und B. erzählte von den Kämpfen der Palmach in Jerusalem und von den Witwen dort, von denen die meisten »leicht« gewesen seien und ihn umworben hätten. Als er krank wurde, brachte Schimon ihn ins Ichilov-Krankenhaus, kümmerte sich um ihn, sah ihn sterben, und trotz der Belastung, die er für Schimon bedeutete, war er der einzige Mensch, der ihm nahegestanden hatte.

Schimon erklärte mir: »Niemals hat jemand mit mir, wie man sagt, aus der Seele gesprochen. Nur du und deine Frau, so was kenne ich gar nicht.« Schimon ist einsam wie ein Dornstrauch in der Wüste. Heute bin ich sein einziger Freund. Morgens warte ich auf ihn wie auf den Messias.

Und das ist unser Spazierweg: Wir gehen die Lunz-Straße hinauf, vorbei an der Wohnung meiner Tochter Naomi, erreichen die Rothschild-Allee und biegen rechts ein zum Zebrastreifen über die Hasmonäer-Straße. Schimon beschwört mich, abzuwarten, bis die Wagen vorbei sind, die es eilig haben – diejenigen, die bei roter Ampel zornig hupend durchrasen. Selbst diese Wilden verurteilt Schimon nicht, bittet mich stattdessen, nicht in Rage zu geraten und ihnen, zu meinem eigenen Besten, keine Lektionen in anständiger Fahrweise erteilen zu wollen, denn manchmal streite ich mit ihnen und ereifere mich, und dann lächelt er sein schüchternes Lächeln und sagt: »Warum dich mit ihnen anlegen? Wie willst du sie besiegen?«

Manchmal kommen wir über die Sheinkin-Straße zur

Rothschild-Allee, doch es heißt, die Ampelphase an der Ecke Sheinkin-Straße und Rothschild-Allee sei die längste in der westlichen Welt, obwohl man der Ehrlichkeit halber sagen muss, dass nicht jeder, der das behauptet, wirklich alle Ampeln der westlichen Welt überprüft hat. Und diese Ampel ist ein ewiger Zankapfel, denn falls Tel Aviv tatsächlich die Hauptstadt des Zionismus ist, dann ist diese Ampel ein schwarzer Punkt in ihrer Landschaft. Die Menschen, die an dieser Ampel darauf warten, dass sie umspringt, ärgern sich immer und ausnahmslos über sie. Sie stehen wütend da, fluchen, nörgeln, blicken nach links und rechts und reden mehr oder weniger dasselbe. Sie sagen in drohendem Ton, wegen solcher Ampeln würden sie auswandern, erklären, man müsse sich beim Bürgermeister beschweren, weil kein Mensch was in dieser Angelegenheit täte, und was sei das überhaupt für ein Staat mit so einer Ampel.

Schimon dagegen ist nett und schert sich nicht um die Ampel. Beim Warten darauf, dass sie umspringt, ruht er von den fünf Gehminuten bis hierher aus und wirft einen Blick in die Sportzeitung, aber seine Hand liegt ständig angespannt auf meiner Schulter, um mich zu schützen. Sobald die Ampel auf Grün springt, überqueren wir die Fahrbahn und spazieren zwischen den Bäumen auf dem Mittelstreifen Richtung Westen. Hier spürt man einen leichten Luftzug, der durch die Sheinkin-Straße vom Meer her weht. Morgens liegt die Allee im urzeitlichen Zauber schöner Baumkronen befangen, die alten Häuser zu beiden Seiten stehen noch im Schatten und spenden süßsaures Morgenglück. Sogar im Sommer.

Linker Hand, Ecke Sheinkin-Straße, steht ein dreistöckiges Haus, das acht Jahre lang renoviert und restauriert wurde. Seit Abschluss der Bauarbeiten steht es leer. Unter dem Haus sieht man etwas, das einer großen Garage ähnelt. Das ganze Gebäude ist klimatisiert, es hat alles Nötige für einen Palast, nur Bewohner hat es keine. Schimon fragte mich einmal, warum niemand darin wohne, und ich erwiderte ihm, ich hätte mich seinerzeit aus Neugier mal erkundigt und erfahren, dass der Hauseigentümer nicht daran interessiert ist, die Wohnungen einzeln zu verkaufen oder zu vermieten, sondern jemanden sucht, der das ganze Gebäude erwirbt. Schimon wollte wissen, warum niemand zugriff. Ich antwortete ihm, wenn er dreieinhalb Millionen Dollar hätte, könnte das Haus seines werden. Schimon überlegte einen Moment und sagte: »Nein, hab ich nicht.«

Fünfundzwanzig Minuten vor acht kommen wir an die Ecke Balfour-Straße/Rothschild-Allee. Dort steht das schöne Haus des Architekten Josef Berlin aus weißem Stein, eines der schönsten von Tel Aviv, aber natürlich hat man es entstellt, ihm ein Stockwerk aufgesetzt und seinen Charakter verdorben, und ihm schräg gegenüber steht ein leeres vierstöckiges Gebäude, dem man ansieht, dass es mal schön war, aber derzeit ist es heruntergekommen, die Scheiben sind zersprungen, die Fenster mit Anzeigen und alten Zeitungen verklebt, und auf dem Dach des Hauses, auf einem kleinen Betonband, steht »5686«, 1925/26. Das Haus besitzt nicht die alte Eleganz anderer Häuser in der Umgebung, aber es darf nicht abgerissen werden, weil solche Gebäude erhalten werden müssen. Das Betonband hat Ähnlichkeit mit dem Grabstein, den ich gesehen habe, als sie mir im Krankenhaus eine Geburtstagsfeier ausrichteten. Dort stand »5690«, und hier steht »5686«. Vier Jahre Unterschied.

In diesem Haus, Rothschild-Allee 88, habe ich meine ersten drei Lebensjahre verbracht. Meine Mutter Sarah trug mich, in eine dünne Decke gewickelt, von der ich irgendwie weiß, dass sie hellblau war, auf dem Arm vom Freund-Krankenhaus in der Jehuda-Halevi-, Nähe Schlusch-Straße hierher. Es war damals Morgen, so erzählte sie mir, und mein Vater Mosche habe sie erwartet, sagte sie, obwohl sie sich manchmal erinnerte, dass er nicht gewartet hatte, und wenn sie das glaubte, machte sie ein trauriges Gesicht in der Art der ewig Verlassenen. Ich kam in dieses Haus, als ich keine Woche alt war, an einem glutheißen Tag Anfang Mai, oder genauer gesagt, zu Beginn des Monats Ijar, und es gibt eine Fotografie, auf der ich auf dem Balkon zur Allee stehe, deren Bäume damals noch klein und niedrig waren. Man sieht mich versteckt hinter feinen Streben, die wie eine Scherenschnittgirlande wirken, und ich luge durch die Zwischenräume.

Mir ist es wichtig, dieses Haus morgens zu sehen, denn bei seinem Anblick wird mir wohl, und ich weiß, dass ich lebe, und an dem Tag, an dem dieses Haus abgerissen wird, werde ich sterben, glaube ich. Schimon ist kein romantischer Typ, und deshalb fragt er: »Dann ist das, wie man sagt, das Haus deiner Kindheit?« Und als ich bejahe, meint er: »Dann stirbst du vielleicht gar nicht, denn es wird ja jetzt renoviert, schau her, und wie man sagt, Haus kaputt, Mann tot.« Wenn ich Schimon frage, wer das sage, antwortet er: »Mein Vater hat das oft gesagt.« Schimon zitiert immer. Er fügt sich in keine Geschichte ein. Er verpflichtet sich zu nichts, und alles ist so, wie man sagt.

Nach dem Überqueren der Mase-Straße kommt man an das Kiosk-Café, dessen Namen nur seine Gäste kennen und das immer umlagert ist. Schon morgens dient es als Treffpunkt für ein buntes Völkchen an Gästen, denen es Anschluss an die Menschheit draußen bietet, und wenn ihnen kalt ist – was selten vorkommt –, lehnen sie sich an die Wand des Büffets, und alle sind vor Regen oder Kälte geschützt, und sollte es mal besonders dicke kommen, drängen sie sich um einen Ofen, der draußen steht, auch bei Regen, und können dem Wetter ein Schnippchen schlagen. Wenn es heiß ist, verbergen sie sich fast ganz vor der Sonne, und im Lauf des Tages wechseln die Gäste. Und ein paar Schritte weiter gibt es noch so ein Kiosk-Café.

Das zweite Café ist ein Zwilling des ersten, aber dort ist es immer leer. Beide bieten den gleichen Kaffee und die gleichen belegten Brötchen feil, an beiden kann man die gleichen Zeitungen lesen, und die Entfernung zwischen ihnen beträgt kaum zwanzig Meter. Auf meine Frage antworteten mir die Stammgäste, das erste bestehe seit Jahren und man habe sich an diesen Treffpunkt gewöhnt. Schon früh um zwanzig vor acht sitzen die Leute auf Parkbänken oder ein paar hohen Barstühlen, immer dieselben Gäste, sie trinken und essen und lesen Zeitungen oder lassen ihre Hunde miteinander spielen. Da wir dort täglich, außer freitags, zur gleichen Zeit vorbeikommen, neunzehn bis zwanzig Minuten vor acht, könnte man die Uhr nach uns stellen. Doch heutzutage, da alle die Uhrzeit von ihren Mobiltelefonen ablesen und unterdessen auch ihre Lieblingslieder hören und sogar ihre Enkel fotografieren können und das Handy alles macht außer Kaffeekochen, ist es nicht mehr so in Mode, Uhren zu tragen wie in früheren Jahren. Und doch, meine ich, verleiht unser Vorbeigehen ihnen ein gewisses Gefühl der Sicherheit.

Einer von ihnen liest immer die Innenblätter der »Yedioth Ahronoth«. Eine füllige Frau, die vorher wie aus der Pistole geschossen durch die Allee geprescht ist, sitzt jetzt in süßer Sorglosigkeit da und trinkt lächelnd Kaffee im Glas, wie wir es in unserer Jugendzeit taten, bevor man hierzulande anfing, Kaffee aus Tassen zu trinken. Und die süße und lustige Tovale, die Königin der Damenbekleidung, sitzt dort im Freundeskreis und ruft immer »Schalom, Yorám«, mit Betonung auf der zweiten Silbe wie meine Mutter Sarah, und das gibt mir den richtigen Start in den Tag, so wie ich abends davon zehre, wenn die hübsche Yonit Levi im Zweiten Fernsehkanal mit schüchternem Charme »unter anderem« sagt. Schimon hört sich an, was ich über die Uhren und über Yonit Levi erzähle, und bemerkt: »Wie man sagt, ein fester Tagesablauf ist wichtig.«

Wir gehen weiter und passieren Hunde in Gesellschaft morgendlich verschlafener Menschen, und ein paar Alte spazieren in Markensportschuhen vorüber, und junge Leute joggen mit Kopfhörern in den Ohren, und junge Frauen hasten mit Pappbechern voll heißem Kaffee in Händen zur Arbeit, und ein bedauernswerter dreibeiniger Hund hat ein Frauchen, das schon am frühen Morgen hübsch und nett ist, und wir erreichen die Nachmani-Straße. Die Bäume in den Pflastergevierten dort sind allesamt heimische Arten, und ihre ineinanderwachsenden Kronen bilden beinah eine Bogenhalle im Stil einer mittelalterlichen Kathedrale oder auch einen grünen Tunnel. Die Bäume sind gepflegt, die Wipfel miteinander verflochten und verwoben, lassen einige verformte Äste sprießen, die nach unten und oben wachsen, in Skulpturen zerfallen, wie ein Gewirr von Stümpfen und Armen aussehen. Und wir überqueren die Nachmani-Straße, wobei wir manchmal an der Ampel haltmachen müssen.

Nun kommt eine Baumgruppe ohne Bänke. Bei einem unserer ersten Spaziergänge durch die Allee dachte ich, diese Bäume hätten in der Anordnung, in der sie mal gepflanzt wurden, in ihrer gewachsenen Form etwas Erhabenes, strahlten Kraft und Stille aus. Ihre vielen Ranken kringeln sich durch- und umeinander. Die Zweige umwinden und umschlingen die Stämme zu Gebilden, die wie Freiluftskulpturen Gottes aussehen, wenn er sich denn in diese Allee herabbemüht hätte.

Im Sommer kam oft ein wunderhübsches junges Mädchen auf den Mittelstreifen der Allee zwischen Nachmani- und Bezalel-Jaffe-Straße, nach ihren slawischen Gesichtszügen zu urteilen wohl eine Russin, und sie vollführte faszinierende Saltos auf ihrem Skateboard. Sie sagte nichts, sah keinen von uns Zuschauern an, unterhielt mich mit ihren schönen Akrobatenstücken, aber da das nichts ist, was man tun muss oder was Schimon aus seiner Kindheit in Erinnerung hat, sieht er es nicht.

Um Viertel vor acht, Ecke Bezalel-Jaffe-Straße, wende ich mein Augenmerk dem Eckhaus Nummer 55 zu. Dort wohnten früher die Sadehs. Der Vater war und der Sohn ist noch immer niedergelassener Ohrenarzt. Das Gebäude gehört zu den schönsten Tel Avivs, ist im Stil der zwanziger Jahre gehalten, jenes eklektizistischen Stils, den ich liebe und der mich an meinen Kindertraum erinnert, in einem schönen, fernen Land zu leben. Das Haus übte einen Zauber aus, und obwohl es heute hier und da bröckelt, ist es immer noch beeindruckend.

Einmal deutete ich auf die schöne Dattelpalme, die vor dem dreistöckigen Gebäude wächst und vermutlich bei der Erbauung des Hauses gepflanzt worden ist. Heute reicht ihr Wipfel bis zum dritten Stock, aber die sie einst setzten, ahnten wohl kaum, dass sie dem Haus zu nahe stand und beharrlich unmittelbar an der Wand in die Höhe wachsen würde, und so hat sich ihr Stamm gekrümmt wie ein treuer Hund, und statt gerade zu wachsen wie ein anständiger Baum, hat sich die Palme nah an Mauer und Balkone geschmiegt und einen Bogen darum gemacht. Ich sagte zu Schimon: »Ein bogenförmiger Baum ist selten in unserer Stadt.«

Dahinter stand das Haus der Moyals. Es hatte einen Kachelofen mit armenischen Kacheln aus Jerusalem, blau mit winzigen Olivenbäumen bemalt, und in den Empfangsräumen lagen Fliesen aus gebranntem Ton. Daneben folgte früher das Haus meines Onkels Josef, das längst abgerissen ist und auf dessen Trümmern nun ein schmales dreistöckiges Gebäude steht, das aussieht wie ein öffentliches Pissoir. Ich habe keine Verwandten mehr in dieser Allee, in der ich einst fast jeden kannte, und mein Onkel Josef hätte es sicher bedauert, dass die Gesellschaft, die auf den Trümmern seines Hauses baute, das neue Gebäude mit einem nur auf Englisch verfassten Schild versehen hat. Seine Frau, Sarah die Große, die längst tot ist, hatte ihren Besitz und das Haus der Enkelin oder dem Enkel vermacht, die oder der in Israel wohnen würde, denn ihr Sohn lebte schon seit Jahren in den Vereinigten Staaten. Nur eine Enkelin kam, wohnte ein Jahr hier, erbte das Haus, verkaufte es und kehrte nach Pittsburgh zurück.

An der Ecke Ramhal-Straße kamen wir eine Zeitlang täglich an einer schönen jungen Frau vorbei, die ihren mörderischen American Staffordshire Terrier spazieren führte und den Eindruck erweckte, als sei der Hund ein alter Liebhaber von ihr und Menschen seien ihr verhasst. Ich habe sie einmal gefragt, was das für eine Hunderasse sei, denn während meines Krankenhausaufenthalts hatte ich viel vergessen, und sie rief: *»Fuck off.«*

Ecke Schadal-Straße begann man, als wir gerade unsere gemeinsamen Morgenrunden aufnahmen, mit dem Bau eines Riesengebäudes für die First International Bank. Wenn wir dort vorbeikamen, blickte ich kurz zu dem mächtigen Kran hinauf und sagte: »Seit gestern haben sie noch ein Stockwerk gebaut, hier arbeiten sie schon wie in Amerika, schnell und gründlich.« Schimon warf mir daraufhin einen verwunderten Blick zu, dachte vielleicht, ich würde eine Kleinigkeit groß aufblähen. Was ist denn dabei, wenn sie ein Stockwerk pro Tag bauen? Was ist dabei, wenn der Bau wächst und Menschen arbeiten und Lastwagen anfahren und hoch oben im Kran ein Mensch sitzt, der klitzeklein aussieht und den Kran lenkt? »Dies ist doch ein Gebäude im Bau«, erklärte er, »wie man sagt, das muss doch gebaut werden.« Und eines Morgens, vor der zusehends in die Höhe schießenden First International Bank in der Schadal-Straße, sah ich Schimon erröten. Er sagte, ja, er habe mal eine Affäre gehabt. Er hatte damals eine Frau von achtunddreißig Jahren kennengelernt und war mit ihr zusammen gewesen. Es war angenehm. Sie war eine gute Frau.

Hatte einen Hund. Arbeitete in einem Blumengeschäft. Er beschrieb sie mit ungeheurer Liebe. Sie war krank geworden und an Krebs gestorben.

Nach der Javne-Straße passieren wir meist das rumänische – oder zumindest rumänisch sprechende – Paar, das eingehakt geht. Die beiden sind alt und schlank und unterhalten sich immer angeregt, aber ihr Alter hat nichts Greisenhaftes, sie gehen schnell und aufrecht, als wollten sie unbedingt betonen, dass sie noch da sind, und zusammen, als könnte dem anderen was zustoßen, und auf ihren Gesichtern liegt eine angeborene Panik. Hinter ihnen her hüpfte früher ein ziemlich hässliches Hündchen. Sie blicken uns an und wir sie, oder richtiger, ich sie, denn Schimon sieht auf der Allee fast nichts außer dem, was ich ihm zeige oder was ich erkenne und erwähne. Nach einigen Monaten passierten sie uns ohne den Hund. Auch am nächsten Tag. Wir begegneten ihnen ein paar Tage später, und der Hund fehlte. Ich begriff, dass er tot war. Auf ihren Gesichtern sah ich eine Traurigkeit, die vorher nicht da gewesen war. Ich starrte die Frau an und sie nickte, wie zum Dank, und ich hätte ihr gern gesagt, ich wüsste sehr wohl, was Trauer über den Tod eines Hundes bedeutet, hatte aber Angst, den Mund aufzumachen, weil ich nicht wusste, ob der Hund tatsächlich gestorben war.

Die Morgen sind im Sommer wie im Winter schön, und wir gehen weiter bis zur Allenby-Straße, machen dort kehrt und gehen die ganze Allee zurück bis ans Ende in der Marmorek-Straße. Dort biegen wir rechts ab, passieren die Bank Le'umi und das Café Marmorek, überqueren den kleinen Parkplatz, biegen wieder rechts ab und machen halt im Café Cremieux, an der Ecke Cremieux- und Bilu-

Straße, gegenüber der Grünanlage, die kürzlich wiederbelebt wurde und sehr nett aussieht. Im Café Cremieux erwartet mich mein Stammtisch, ich trinke Orangensaft, esse ein Croissant mit Orangenmarmelade und trinke Kaffee, und Schimon bestellt eine große Tasse Nescafé mit Milch und blickt in die Sportzeitung, die ich ihm gegeben habe. Er ist der letzte Trinker von Nescafé Marke Elite und fühlt sich fremd inmitten von all dem Americano und Cappuccino und kurzem Espresso. Danach begleitet Schimon mich nach Hause, und vor der Tür drücke ich seine große Hand und sage ihm danke. Er lächelt sein süßes Lächeln, und ich gehe ins Haus, um die übrigen Tage meines Lebens zu beginnen.

Letzte Dinge

Ich möchte an einem warmen Tag sterben, einem, der weder heiß noch kalt ist, nicht bei Chamsin und nicht bei Regen, um denen, die kommen, den Weg zu erleichtern. Ich verzichte auf eine Beerdigung. Ich möchte, dass meine Leiche verbrannt wird. Heute besteht diese Möglichkeit. Ich möchte nirgendwo Platz einnehmen, nicht mal in einem Kibbuz, ganz gewiss nicht auf einem jüdischen Friedhof, wo man die Leichen in Gruben wirft, es sei denn, man erweist mir die Gunst, mich auf dem Trumpeldor-Friedhof zu beerdigen. Aber ich möchte, dass Miranda neben mir beigesetzt wird, wenn ihre Zeit gekommen ist, und sie ist keine Jüdin und keine Angehörige des Bundes, aber falls ich dort begraben werde, können sie vielleicht ihre Leiche ins Judentum aufnehmen und sie neben mir bestatten.

Meine Asche wird Fleisch ansetzen und mit eurem Messias in den Himmel zurückkehren, und ich werde einen Stein auf Gott werfen, egal ob Gott nun existiert und eine Schwarze ist oder nicht. Ich werde im Himmel auf die Intensivstation kommen und wieder meine Phantasien aufnehmen, die mir während meiner Krankheit beschieden waren. Denn dort hatte ich ein vielfältigeres Leben, als ich es hier und heute habe. Und nun, als alter Mann mit Krebs und Leistenbruch und zerstörtem Bauch, nehme ich Abschied von euch.

Tel Aviv, Juni 2007

claassen

Dinaw Mengestu

Zum Wiedersehen der Sterne

Roman

Aus dem Amerikanischen von Volker Oldenburg
272 Seiten / Gebunden mit Schutzumschlag
ISBN 978-3-546-00439-8

»Eine reiche, poetische Geschichte über Heimatverlust und Einsamkeit, die mich tief bewegt hat.« *Khaled Hosseini*

Was ist Glück? Ein Gefühl von Heimat, Freundschaft, Familie, Liebe? Mit feiner Komik, aber auch voller Melancholie lotet Dinaw Mengestu das Dasein eines äthiopischen Einwanderers aus, der auch nach Jahren in den USA nicht angekommen ist. Seine einfache, kraftvolle und farbenreiche Sprache zieht den Leser magisch in ihren Bann.

»Ein großer afrikanischer Roman, ein großer amerikanischer Roman.« *The New York Times Book Review*

»Ein feiner, gedankenvoller Roman, der sich gelassen großen Themen widmet: der Bedeutung von Heimat und Familie, von Nationalität und Exil, von Isolation und Zugehörigkeit.« *People Magazine*